U0673021

"互联网+"职业教育教学模式研究

陈静玲　王艳梅　主　编

中国建筑工业出版社

图书在版编目（CIP）数据

"互联网＋"职业教育教学模式研究/陈静玲，王艳梅主编. —北京：中国建筑工业出版社，2021.6
ISBN 978-7-112-26271-7

Ⅰ.①互… Ⅱ.①陈… ②王… Ⅲ.①网络教育-教学模式-研究-中等专业学校 Ⅳ.①G632.0

中国版本图书馆 CIP 数据核字（2021）第 124053 号

《教育信息化 2.0 行动计划》明确提出要积极推进"互联网＋教育"，坚持信息技术与教育教学深度融合的核心理念。在这股教育信息化的潮流中，信息化教学模式应运而生，强烈冲击着职业教育的传统堡垒，彰显出信息技术在当代职业教育变革中的重要意义。本书依托 2016 年度广西职业教育教学改革研究重大招标课题"'互联网＋'职业教育教学模式研究"，从解决传统教学过程中的"痛点"入手，通过将建构主义等学习理论与信息技术深度融合，构建在教师引导下学生自主学习的新型的课堂教学模式，并经过实践教学，取得了一定的成果。

希望本书介绍的信息化教学的模式、案例对促进中等职业学校课堂教学模式改革和提高教师信息化教学水平，有一定的指导和参考作用。

本书可供职业院校信息化教学理论和实践研究人员参考。

* * *

责任编辑：聂 伟 王 跃
责任校对：李欣慰

"互联网＋"职业教育教学模式研究
陈静玲 王艳梅 主编
*
中国建筑工业出版社出版、发行（北京海淀三里河路 9 号）
各地新华书店、建筑书店经销
霸州市顺浩图文科技发展有限公司制版
北京建筑工业印刷厂印刷
*
开本：787 毫米×960 毫米 1/16 印张：9 字数：178 千字
2022 年 3 月第一版 2022 年 3 月第一次印刷
定价：38.00 元
ISBN 978-7-112-26271-7
（37888）

《"互联网+"职业教育教学模式研究》编委会

主　编　陈静玲　王艳梅
副主编　黄永乾　杨　平　崔永娟　谭丽丽

前　言

随着"互联网+"与教育的融合渗透不断深入，对环境、课程、教学、学习、评价、管理、教师发展、学校组织等教育主流业务产生系统性的变革和影响，教育教学系统的结构和形态正在发生变革与转型。职业教育与普通教育是两种不同类型的教育，具有同等重要的地位。改革开放以来，职业教育为我国经济社会发展提供了有力的人才和智力支撑。随着我国进入新的发展阶段，产业升级和经济结构调整不断加快，各行各业对技能人才的需求越来越紧迫，职业教育重要地位和作用突显。

目前，对"互联网+"教育教学模式研究较多，但对"互联网+"职业教育教学模式研究较少，特别是针对职业教育"互联网+"下的信息化课堂实践探索研究较少。

本书在梳理"互联网+"背景下教学模式理论研究的基础上，通过实践教学案例，构建了"互联网+"二维四阶信息化课堂教学模式。该教学模式综合信息化课堂教学过程的结构要素，从信息化教师、信息化课程、信息化教室等多方面整体考虑，面向课堂教学，从解决传统教学过程中的"痛点"入手，通过将建构主义等学习理论与信息技术深度融合，构建在教师引导下学生自主学习的新型的课堂教学模式。该模式具有聚焦课堂、聚焦学生、聚焦融合、聚焦常态化等特点。通过实践发现该教学模式可有效改变当前中职学校课堂效率低，教学效果难以提高的现状，提升了教师和学生的信息素养，搭建了统一的信息化学习平台，实现了校内教学资源的共享，提高了教学质量，实现了个性化教学，有效促进了当前中职学校教育教学改革，满足了作为"数字土著"的当代中职学生的学习需求，进一步丰富和发展了"互联网+"下的教学模式理论和实践研究，为"互联网+职业教育"教学模式的实践提供参考和借鉴。

希望本书介绍的信息化教学的模式、案例对促进中等职业学校课堂教学模式改革和提高教师信息化教学水平有一定的参考作用。

本书撰写过程中得到了广西职业教育发展研究中心领导和广西壮族自治区多所中职学校的大力支持，在此表示感谢。由于编者水平有限，书中难免有错误之处，希望广大读者朋友批评指正。

目　　录

第一章 ▶▶

绪 论

（一）研究背景

1. "互联网＋教育"的兴起与发展

随着科学技术发展的提速，尤其是计算机网络的广泛应用，互联网对人类各个领域的浸入越来越深，互联网与传统行业的深度融合已经成为锐不可当的发展态势，推动新兴产业不断涌现，促进经济社会各行业持续优化、增长和创新，一种新的"互联网＋"生态正在酿成。所谓"互联网＋"，是指以互联网为主的一整套信息技术在经济、社会生活各部门广泛扩散和应用，并不断释放出数据流动性的过程。"互联网＋"就是"互联网＋各个传统行业"，是传统行业利用信息技术与互联网沟通、联合，生成传统行业新的发展生态，即通过互联网的渗透催生传统行业的变革和发展。针对教育领域而言，"互联网＋教育"是教育与互联网的深度融合，是用新的教育理念和手段开辟教学的新思路和新模式，为缔造教育新生态提供了机缘与挑战。"互联网＋"以其开放、扩散、交互和共享等特征为探索教育理念、教学模式和学习方式的革新注入新的活力。

2015 年 3 月，李克强总理在政府工作报告中提出制定"互联网＋"行动计划，引发了产业界及学术界对"互联网＋"的高度关注。"互联网＋"也被认为是推动中国经济发展的新动力。其后，《国务院关于积极推进"互联网＋"行动的指导意见》（国发〔2015〕40 号）（下文简称《指导意见》）提出了融合创新、变革转型等行动原则，明确了"互联网＋"创业创新、协同制造、现代农业、智慧能源、普惠金融、益民服务、高效物流、电子商务、便捷交通、绿色生态、人工智能等重点行动计划。一方面，在"互联网＋"时代，新一代信息通信技术必然与经济社会各领域、各行业产生深度耦合和跨界融合，将引领新一轮科技革命和产业变革；另一方面，这些"互联网＋"产业的发展都需要职业教育的支撑，需要通过"互联网＋职业教育"来培养适合新兴产业发展和市场需要的高素质技术技能型人才。也正基于此，《指导意见》提出了要"深化互联网领域产教融合，加快复合型人才培养，鼓励联合培养培训"等，为"互联网＋职业教育"提供了巨大发展空间。

"互联网＋"给职业教育带来了显著的影响，甚至将引发新一轮的教育革命。而"互联网＋"与职业教育的结合将教育带入一场基于网络技术大改革中，教与学发生的场所、方式、评价、组织等方面都会历经解构与重构的过程。职业教育需要延展自身的作用范围、提升教学效率、促进学生的教学体验，这必定离不开"互联网＋"的辅助与帮衬，同时，互联网与职业教育二者如何实现有机融合，成为最新的发展趋势和研究热点。

2. 职业学生群体的转变给教育者带来的挑战

美国学者马克·普连斯基将出生在 1980 年以后的人称之为"数字土著"，认为他们从小处在计算机技术、通信技术等网络技术快速发展的时代，都是说着电脑、视频、游戏和因特网等数字化语言的"土著"人。当代的职业教育学生为 2000 年以后出生的群体，他们在信息化环境下长大，信息化环境使得其大脑的认知结构发生变化，确切地说，他们的思维方式发生了质的改变。信息技术对他们的认知方式、学习态度、学习习惯等影响巨大，"数字土著"喜欢从多个源头接收信息，多任务同时处理信息，多种形式呈现信息，随时进入超链接资源，从而趣味地学习。当代职业院校的学生喜欢从有效途径获取自己可以控制的信息，任务也偏向单向性、集中性，他们喜欢文字信息，信息呈现方式偏向线性的、顺序的。这也就表明当前教育所面临的最大问题就是师生之间、家长与子女之间互相不了解，从而难以实现教育效果的最优化。所以，作为当代职业教育的老师，迫切需要转变教育理念、提高信息素养、更新知识结构和改变教学模式。

随着信息技术的发展，各类电子产品层出不穷，如平板电脑、智能眼镜、电话手表、智能手环、3D 打印机等。然而，有一种最常见的产品却不被教育专家所认可，并将它拒之课堂教学门外，它就是智能手机。如今，智能手机已经成为大学生的随身之物，成为其生活中必不可少的一部分。大屏手机的出现使得曾经风靡一时的平板电脑风光不再，智能手机与平板电脑、手提电脑相比更加方便携带，其实用价值令人难以拒绝。智能手机在给学生带来便捷的同时，也严重影响着学校课堂，甚至有的教师反对在教室里安装无线网络、禁止学生玩手机。如今课堂上"低头族"随处可见，他们使用手机观看视频、发微信、刷微博等，但不可否认的是学生还可以通过手机查找学习资料、利用一些教育 APP 学习、录音、录像、拍照等。智能手机在给传统课堂带来巨大挑战的同时，也给传统课堂带来了新思路。在不久的将来，会有越来越多的老师慢慢接受学生在课堂上使用手机获取信息，甚至鼓励学生用手机接收信息、做练习、参与投票等，合理高效地利用手机可以达到教学相长的作用。如今，智能手机的功能越来越强大，网络的接入方式越来越方便，学习资源越来越丰富。手机进入课堂并与其融合只是时间问题，我们需要做的是主动迎接，而不是被动接受。

3. "互联网＋教育"背景下职业教育教学模式急需变革

互联网的出现给人类的生活、工作、学习带来了翻天覆地的变化。近些年，"互联网＋"作为一个新兴词汇，不断与生活中各个行业深度融合，创造一番新景象。"互联网＋"时代的到来，给教育事业带来了重大机遇。从宏观层面来讲，"互联网＋教育"进一步打破时空限制，学生可以实现随时随地泛在学习。大数据和学习分析等新一代新兴技术的出现使得学生的学习更加个性化、适配化、智能化。"互联网＋教育"模式也让传统教学模式受到了很大冲击，不少学者和学校如雨后春笋般开始探索新型教学模式，期望为教学注入新鲜活力，提高学生学习兴趣和学习效果。同时，"互联网＋"大大改变了如今的教育生态，并逐渐重构教育生态，使得教育的形式更加多样化、制度更加灵活化。从微观层面来说，"互联网＋"使得学校教学中的课程、教与学方式、评价方式等发生显著变化。"互联网＋"在给教育带来重大机遇的同时，也带来了巨大挑战。

新型的混合教学模式蕴藏着巨大的潜力，符合以学生为主体开展探究学习方式的新理念，也为中职学校的教学开辟了新的途径。现阶段对于职业教育的混合教学模式虽有一些相关的探索和尝试，但尚处起步阶段，缺乏整体性和系统性，均处于简单的浅尝辄止状态。随着近几年国家大力发展职业教育政策的提出，中职学校的混合式教学改革受到了重视和支持。2008 年，教育部颁布了《关于进一步深化中等职业教育教学改革的若干意见》，对进一步深化中等职业教育教学改革提出了要求，中等职业学校公共基础课程应培养学生基本科学文化素养、服务学生专业学习；《教育信息化十年发展规划（2011—2020 年）》提出"职业教育信息化是培养高素质劳动者和技能型人才的重要支撑，是教育信息化需要着重加强的薄弱环节。以信息化促进人才培养模式改革，改造传统教育教学，支撑高素质技能型人才培养，发挥信息技术在职业教育巩固规模、提高质量、办出特色、校企合作和服务社会中的支撑作用。"2014 年 9 月国务院又颁布了《关于加快发展现代职业教育的决定》，"大力发展中职教育"作为一项国策被提出，中职学校的发展越来越受到重视。

经济决定教育，随着国家经济的日益发展，社会对技能人才的要求越来越高，要求学生既要懂技术又要懂知识，中职学校作为职业教育其中的一员，它以培养企业需要的人才为己任，必须遵循职业教育的规律，探究中职学校实际教学的现状，从中发现问题并进行对策管理。如何将信息技术和传统教学深度融合，助力于学校教学改革，提升人才培养质量，成了中职学校教育者面临的一个重要问题。

4. 职业教育教学现代化需要"互联网＋"推动

职业教育界依据自身的领域特征、社会责任、发展规律和时代诉求，持续描绘并完善着职业教育现代化的宏伟蓝图。时任教育部副部长鲁昕指出，现代信息技术是改造职业教育传统教学模式的不二选择，必须要以现代信息技术带动职业教育的现代化。技术是信息化的显著特征，职教教学现代化的实现重点依托于现代信息技术的发展。现代信息技术的发展和应用加速了职教教学现代化的步伐，也已取得了诸多骄人的成绩，但相关问题也随之涌现，因此需要投入更多关注。

技术变革教育是一个问题持续涌现的过程，信息技术与职业教育融合的过程也是一个问题频出和持续攻克的螺旋式进化的过程。目前我国职教教学现代化进程中诸多方面都涌现了亟待解决的问题：（1）信息化教学实践活动软硬件设备跟不上，尚无完善的信息化实践教学效果评价；（2）对职教教师的信息化素质培养力度不够，具备信息化意识和能力的老师较少；（3）学生信息化学习意识亟待提高，转变学习习惯，让手机成为学习的工具；（4）信息化课堂教学需要建设教学资源，共建共享跨院校或跨区域的资源合作建设较少。信息化推动职业教育教学高位均衡发展已经付诸实践，仍然需要不断创新突破，进而推动我国职教教学现代化稳步发展。职业教育教学现代化既需要信息化的技术、方法等推动，而以信息化推动职业教育教学现代化本身，又特别需要理论指导。

在我国各级各类教育中，职业教育以信息化推动教育现代化的力度更大，这可从 2014 年国家级教学成果奖中教育信息化的成果获奖比例得到佐证（见表 1-1）。

2014 年国家级教学成果中教育信息化成果在三大类型教育中的分布情况　表 1-1

教育类型	国家级教学成果奖				其中教育信息化成果获奖						
	总数	特等奖数	一等奖数	二等奖数	总数	特等奖		一等奖		二等奖	
						数量	比例	数量	比例	数量	比例
基础教育	417	2	48	367	38	0	0	1	2.1%	37	10.1%
职业教育	451	1	50	400	41	1	100%	4	8.0%	36	9.0%
高等教育	452	2	50	400	26	0	0	1	2.0%	25	6.0%
合计	1320	5	148	1167	105	1	20%	6	4.1%	98	8.4%

由表 1-1 可知，基础教育信息化和职业教育信息化成果获奖总数占同类教育国家级教学成果奖总数的比例基本相同，但职业教育信息化成果获奖中有特等奖，一等奖数更是其他类教育的数倍之多。

互联网信息技术的日新月异，不仅对传统教育形成全方位的冲击，而且为教育未来的变革之路提供了新的动力和方向。"互联网＋"催生出在线教育这一新兴的特色形态，从互联网到移动互联网再到"互联网＋"，人们获取知识的途径越来越便捷，对知识的需求日益趋于多样化，并且不受时间、空间等客观要素的限制，使教育更加人性化与个性化，彻底改变了整个教学的图景，继而教育的基本构成元素以及周围的相关联环境皆受到极大程度转变，与传统教学模式在形态、模式、方式、方法等诸多方面产生本质的区别。教育领域技术形态的更新与变革在引发观念的更新与变革的同时，还转变了教学形式与教学模式。

然而，互联网作为一种新生事物，与传统面授教学的结合往往无法达到人们的预期水平。随着信息技术的发展，在线教学逐渐走入各级各类教育，尤其是职业教育中。由于诸多因素的内外在限制，在线教学依然存在种种问题，比如：网络与教学表面融合，实质分离；在线教学过程缺乏双向互动；学生的学习缺乏指导、教学效果不能即时体现等。目前国内对互联网与教学的研究仅仅停留在结合的层面，所建构的网络教学模式依然处在表面融合、实质分离的状态，同时，师生交互不足、教学过程单向静止。目前的网络教学模式并没有触及教学模式的结构性变革。为此，寻找网络与教学融合的突破口，建立满足学生学习个性化需求的教学模式，成为亟待解决的任务。

（二）研究内容和意义

1. 研究内容

随着多媒体技术在课堂上的应用，传统的教室变成多媒体教室，教师开始使用 PPT 课件上课，一支粉笔、一块黑板、一位教师构成一个课堂的传统教育思维不复存在。这时的课堂，教学质量较以前有所提高，但课堂上仍以教师讲解为主，学生处于被动学习状态，教学只是为了增进学生的知识等，这些教育的根本问题仍旧没有得到解决。当前信息技术的引入仍没有解决课堂教学的根本问题，教师的思维并没有改变，教学模式也没有体现技术与教育的融合，教师缺乏对学生个体的关注，课堂呈现静态化、单一化、模式化的特点。而本书就是力图改变当前课堂的现状，利用互联网思维和互联网技术，对如何将技术与课堂进行深度融合作出系统研究。

本书构建了"互联网＋"二维四阶教学模式背景下的信息化课堂教学模式，并结合中职生具体课程予以实践应用。本书聚焦于"互联网＋教育"背景下的课堂教学模式，对"互联网＋""互联网＋教育""互联网＋职业教育""教学模式""信息化课堂"五个概念进行研究，试图从这个技术视角来探讨教学模式的变革，基于以上的研究背景和在梳理现阶段研究成果的基础上，着重回答以下几方面的问题：

（1）互联网技术与职业教育的深度融合促使教育教学变革已经成为一种趋

势，通过对当前研究现状的梳理发现其中的规律和作用原理。

（2）"互联网＋职业教育"教学模式下的系统架构如何构建？

（3）"互联网＋职业教育"教学模式下的教学环境如何构建？

（4）"互联网＋职业教育"教学模式下的教学课堂如何组织？

2. 研究意义

（1）理论意义

对"互联网＋职业教育"教学模式进行探讨，有助于拓展教学方式新特质，丰富教学方式变革的内涵，充实课程论和教学论的理论研究。教育信息化的最高目标是实现信息技术与教育的深度融合，从而促进教育的进一步发展和人的全面发展。开展"互联网＋职业教育"的教学模式的研究，在理论上能够对信息技术与教学方式融合的缝隙进行弥合，进而为教育信息化应用和实践提供有效的策略。同时教学方式与信息技术融合，反过来也丰富和深化了信息技术的理论基础，进而促进信息技术更好地应用于教育实践中，提高教育的实效，最终实现信息技术与教育教学更好地融合。

（2）现实意义

真正地理解"互联网＋"背景下的教育及做到"互联网＋"在教育教学中的应用，是中国教育研究的当务之急。在"互联网＋职业教育"的教学模式下的教学改革面临许多新的环境、新的问题，广大一线的教育者迫切需要新的先进的理论支持。开展"互联网＋职业教育"的教学模式的研究，有助于破解我国教育发展难题，推动教育领域全面改革。对教师而言，由于"互联网＋职业教育"的教学模式对教师的素养提出了更高的要求，尤其是信息素养，教师在教育新发展的新形势和国家政策要求的压力下，将通过自主学习和培训来提升自身的教学素养，从而促进教师的专业化发展。对学生个体而言，"互联网＋职业教育"的教学模式的变革正朝着学习的定制化和个性化方向发展，学生学习以学习需求和兴趣为导向，学生真正有条件成为课堂教学的主人。通过本书的研究，期望达到优化教学过程，提升教师教学能力，缓解教师工作负担，提高师生信息化素养，监测课堂教学效果，最终能够让教学更加有效，提升职业教育教学质量，为培养高质量的技能型人才奠定良好的基础。

（三）国内外研究现状

1. 国外研究现状

以 EBSCO 学术资源检索平台下的子数据库 ERIC（Education Resource Information Center）为研究来源，采用高级检索，限制时间段为 2016 年之前，来源类型选择"学术理论期刊"，以"blended learning""blending learning""hybrid learning"为检索词，共检索到文献 3128 篇。从文章作者的分布情况来看，大部分混合学习研究人员来自于英国、美国、西班牙、德国、澳大利亚及加拿大等，可见欧美国家是国际教学信息化发展的领军者和风向标，亚洲国家相关的研究略微滞后。从研究热点和研究前沿可以看出，国际混合学习在基础教育、高等教育和企业培训乃至医学教学等方面都有了比较深入的研究；混合学习的课程设计、开发、实施以及效果评价是关注的热点，混合学习的研究前沿主要集中在混合学习环境的构建、混合学习课程建设、混合学习的模式和方法等几大主题上。在混合学习的课程设计上，Carman JM 认为混合学习过程的设计涉及五个关键因素：同步性、在线学习内容、合作交流、评价及学习迁移。同步性指的是混合学习中的师生应在同一时空下参与学习；在线学习内容可以支持学习者随时随地随心进行自主学习；混合学习环境可支持学习者与他人进行深入合作交流；评价学习者学习情况和学习方法的有效性；最后是促进学习理解和迁移的材料。

在混合学习的模式和方法上，比较有代表性的研究者是斯泰克和霍恩，他们基于 80 个美国 K-12 阶段混合学习项目开展调查研究，实施混合学习项目的实践后，总结出四种混合学习应用模式：转换模式（转换模式又分为就地转换、机房转换、翻转课堂和个体转换四种模式），弹性模式，菜单模式，增强型虚拟模式。莉兹·阿尼的《混合式教学：技术工具辅助教学实操手册（*Go Blended！A Handbook for Blending Technology in*）》一书涵盖了混合学习在学校中实施的每一步，结合准备阶段、实施规划阶段与开展阶段，从学生、教师、学校领导、技术人员等多个视角，详尽地阐述了混合学习中的每一个问题及解决方案。Inkeri Ruokonen 等人开发出基于技术的混合学习模式，并实施于音乐教学中，其研究结果表明混合学习有利于建构性学习。美国学者 McLaughlin JE 等人的研究肯定了混合学习中在线学习和课堂教学相结合的重要性，同时强调了混合学习可提高学习成绩。

在混合学习的有效性研究上，Lopez-Perez 在格拉纳达大学开展混合学习实践研究，其研究结论表明混合学习降低了学校学生的辍学率，提高了学生的学习成绩，此外研究分析觉得学习者对混合学习模式的满意程度与他们取得的成绩、个人背景及出勤率等因素存在相关性。美国宾夕法尼亚州立大学高度评价了混合学习，认为混合学习是"当今高等教育领域内一个必然的发展趋势"。

多国政府针对信息化、教育信息化、职业教育信息化、教育现代化等也开展了大量规划与推动保障工作。韩国的教育信息化在亚洲开展相对较早，其发展始于《中小学教育信息化促进基本计划（1996—2000 年）》，最早主要是中小学信息化软硬件的配备、教师信息化能力的培养、信息化服务机构与系统的搭建和运行等。韩国的职业教育主要依托于韩国专门大学，以"培养创意人才，创造核心价值"为主要目标，目前其教育信息化已经引入了生态系统研究理念，创造了良性循环的教育系统。韩国教育信息化发展及战略调整以四年为一个发展周期，截至目前已经先后发布了五代教育信息化发展规划，规划涉及高等教育、教育管理、基础教育、教育信息的保护和教育信息全球化等多个方面，与此同时对社会信息化建设与发展也给予了高度的重视，已经基本实现了全民参与信息化建设。韩国是最早建设国家教育信息系统的国家，实际应用效果得到高度认可，其政府也早在 2007 年就因其教育信息化发展成果显著而得到了联合国教科文组织的嘉奖。

美国很早就开始关注职业教育的发展，1984 年，美国职业教育技术立法的通过标志着美国职业教育进入了成熟阶段。美国所有与教育信息化有关的政策和法案都适用于职业教育领域，1996 年发布的《不让一个孩子落后》宣言（简称NCLB），标志着美国正式开启了其教育信息化发展之路，截至 2016 年对 NCLB 教育信息化发展战略目标及内容进行了 4 次调整，并且每一次调整都紧密结合美国的国情。2010 年，美国发布了"国家宽带计划"，针对大力推进教育基础设施建设作出部署，并于 2013 年启动了"连接教育计划"，旨在通过网络连接变革教与学的方式和内容，从"开放课件运动"到三大 MOOCs 平台运行，美国教育信息化发展已经取得了瞩目的成就。美国职业教育信息化与其教育信息化基本是同步发展的，各州政府给予了高度的关注，目前不仅建成了良好的教育基础设施，在职教信息化教学资源和信息技术设施建设等方面也效果显著。

德国职业教育的发展始终备受关注，建立了世界上最完善的职业教育研究体系，其"双元制"影响最为显著，使学生一边接受职业教育，一边在企业进行学习实践。我国在借鉴德国"双元制"职业教育人才培养模式的基础上进行了一系列创新尝试，形成了兼具中国特色的"双三元制"职教模式，国内职教界仍在进行不断探索。德国职业教育的发展主要依托于本国完善的政策法规及政府部门的长期持续支持与保障。2007 年，德国从国家层面上发布了《关于职业教育现代化与结构调整的十大方略——意见与实施建议》，并以此为标志正式开启了德国职业教育现代化的发展新征程；在《德国 ICT 战略：数字德国 2015》的推动下，德国职业教育的数字基础设施和网络得到了快速发展；2013 年，德国提出了"职业教育 4.0"的概念，在随后的 2014 年，德国又提出"工业 4.0"项目，以"智能工厂、智能生产、智能物流"为其三大主题，一方面促进生产的智能化水平，同时也对职业教育现代化发展提供了新的发展方向和时代路径。2014 年，德国发布的《2014—2017 年数字议程》，进一步加大职业教育领域对数字媒体工具的使用，加速了该国以信息化推动职业教育现代化发展的进程。

日本的职业教育体系主要由三部分构成，即校内职业教育、企业职业培训和公共职业训练。为了促进教育信息化发展，日本先后出台了一系列规划，从"IT立国战略""教育信息化工程"，到"E-Japan计划""U-Japan战略""i-Japan战略"等国家层面上教育信息化发展战略规划，以国家信息化和教育系统信息化为抓手有力推进了本国职业教育信息化的发展，尤其是日本职业教育发展在教育与管理软件的开发和应用方面进行了大量探索，现代信息技术在职业教育的各方面都得到了应用，且效果良好。日本内阁于2015年发布"日本一亿总活跃计划"，大力推动ICT（Information and Communication Technology）发展，将编程教育设为必修课，加速培养适应时代发展的信息化人才是其重要内容。

澳大利亚职业教育较早开展信息化基础设施建设与标准完善，使之成为职业教育发展最完善的国家之一，同时也是世界上较早系统构建职业教育体系的国家。从《职业教育灵活学习框架》提出要"运用新技术提供职业教育产品和服务"开始，澳大利亚的职业教育信息化正式拉开帷幕。虽然澳大利亚在国家层面上鲜有直接以职业教育信息化发展为标题的政策文件，但相关规划中均有强调要大力发展职业教育信息化，并且该国职业教育的实际发展也一直以践行现代信息技术和现代教育理念。伴随着E-learning的持续优化，职业教育信息化取得了大量成果。《2012—2015职业教育与培训E-learning国家战略》中明确指出"支持职业教育的实践者利用现在信息技术开发并共享数字化资源，推动新兴技术在职业教育中的普遍应用"。

国外关于混合式教学模式的建构流程为：

乔希·伯尔辛（Josh Bersin）认为混合式教学的设计过程主要包含四个基本环节。①分析学习者内在需求和期待。这一环节能使教学直接针对学习者的内在需求，了解学习者的学习期待，避免盲目施教。②依照学习者的实际情况和内在需求制定教学设计和评价标准。教学设计在混合式教学中至关重要，即需要一定的可行性，又需要具有整体性的构想，教学设计不可能脱离学生而独立存在，要以学生的实际情况为出发点。③发掘并整合教学资源，并运用恰当的技术媒介呈现。混合式教学的在线教学阶段能为我们提供多样化的教学资源，教师需要对这些资源加以整合，将系统性、关联性的知识体系提供给学习者。④实施教学计划并跟踪实施效果，对实施结果进行评价。教师按先前制定的教学计划实施，同时在整个过程中加以监测，并对最后的结果进行评析。

美国学者希布利Shibley（2006）针对混合式教学课程设计以及混合的平衡点提出10条建议：①始于客观的学习；②创设课前学习路径；③创设课中学习路径；④创设课后学习路径；⑤多样化的交互形式；⑥鼓励合作；⑦使用在线资源；⑧使用等级激励法；⑨向教师寻求帮助；⑩保持组织化。他还指出，当第一次试行混合式教学课程时，网络教学与面授教学比例尽量达到50%，同时课程混合的过程往往是消耗诸多时间及精力的。

2. 国内研究现状

本书通过中国知网（CNKI）数据库和中国国家数字图书馆文献检索，从"互联网＋教育""职业教育教学模式""互联网＋职业教育""互联网＋职业教育教学模式"四个方面来说明目前"互联网＋职业教育教学模式"的研究现状。

（1）关于"互联网＋教育"的研究

"互联网＋"理念在国内的首次提出可以追溯到2012年，随着该理念的日益成熟，2015年，国务院总理李克强在政府工作报告中正式提出"互联网＋"行动计划。互联网"＋"的是传统产业中的各行各业，是指要将"互联网＋"模式全面应用到第三产业。自我国社会主义市场经济体制建立以来，教育与经济的关系发生了质的变化，教育事业已然演化为教育产业，"互联网＋教育"理念由此产生。因此，国内关于"互联网＋教育"的相关研究主要从2015年下半年开始并逐渐增多，逐渐成为教育界的研究焦点。但是，由于该概念是从经济领域移植延伸到教育领域，并且研究起步较晚，可借鉴的理论较少，所以目前有关"互联网＋教育"的研究虽多，却没有形成具有突破意义的研究成果。即使如此，相关研究也为本书提供了充足的养分。目前，关于"互联网＋教育"的研究内容主要有："互联网＋教育"的产生与内涵、"互联网＋教育"的特征、"互联网＋"课堂教学模式的构建、基于"互联网＋教育"的课堂教学影响、"互联网＋教育"下课堂教学改革。

1）"互联网＋教育"的内涵

国内"互联网＋"一词的出现，最早可以追溯到2012年11月，于扬（2012）首次提出"互联网＋"理念。他认为，在未来"互联网＋"是世界性的利用互联网与其他行业结合的必然发展趋势。马化腾（2015）提出需要持续以"互联网＋"为驱动，鼓励各行各业以及教育的创新发展。"互联网＋"是指利用互联网的平台、信息通信技术把互联网和包括传统行业在内的各行各业结合起来，从而在新领域创造一种新生态，"互联网＋"理念首次被提到国家战略层面。2015年3月5日，李克强总理在政府工作报告中首次提出"互联网＋"行动计划。2015年12月17日，习近平主席在浙江乌镇第二次世界互联网大会再次提出并强调"互联网＋"。伴随习近平主席、李克强总理所倡导的"互联网＋"，"互联网＋"的内涵逐渐被专家学者关注。

有些学者从"互联网＋教育"的构成要素上规定了"互联网＋教育"的内涵。安鑫、杨亚芹认为，"互联网＋教育"就是管理的互联网化、教学的互联网化、课程的互联网化、组织的互联网化和学习的互联网化。而王春丽认为，"互联网＋教育"就是"互联网＋教育管理""互联网＋教师""互联网＋课程""互联网＋学习"。从词面上看"互联网＋教育"是一个合成词，很可能会与其他词

汇产生混淆，

因此有学者将"互联网＋教育"与其他概念进行了辨析。解庆福认为，"互联网＋教育"≠"教育＋互联网"，"互联网＋教育"并不只是在教育各个领域引入互联网技术，将传统的知识体系简单地复制到互联网上，而没有从根本上对理念和教育要素进行更新，他认为"互联网＋教育"的实质是教育思维的变革和教育构成要素的变革。张茂聪和秦楠则认为，"互联网＋教育"是一场新的革命，"互联网将催化各类教育形态换代升级，彻底转变教育形态，发生实质性化学反应，互联网从以往工具形态跃向思维层面"。而"教育＋互联网"更多是指教育的互联网化和在线教育，是"互联网＋教育"发展的初始阶段，对教育模式和形态没有根本的改变。还有学者提出了完整的"互联网＋教育"的概念，下面几种较具有代表性。吴南中认为，"互联网＋教育"就是"通过信息网络技术将教育注入互联网基因，实施包括从人才培养目的、人才培养过程和人才培养评价等全程的变革，以及支撑人才培养的机制体制变化，实现以互联网为支撑的生态化的教育，以满足互联网经济时代和社会发展所需要人才，实现教育全局性发展、战略性转型。"张茂聪、秦楠将"互联网＋教育"概括为"以教育为本位，辅以互联网工具、思维促使教育活动最优化的过程"。陈丽则认为，"互联网＋教育"是指"运用云计算、学习分析物联网、人工智能、网络安全等新技术，跨越学校和班级的界限，面向学习者个体，提供优质、灵活、个性化教育的新型服务模式"。

总体来看，学者们都认同"互联网＋教育"的内涵是互联网和教育的深度融合，不单把互联网看作在教育中使用的一种技术手段，更多的是利用"互联网＋"带来的新思维、新理念来改善教育的形态，使教育与互联网之间产生质变，更好地培养学生，促进教育的发展。

2)"互联网＋教育"的特征

陈浩概括了"互联网＋教育"的四大特点：一是重塑结构，交还话语；二是生态创新，多元开放；三是尊重个体，自由定制；四是移动学习，跨越时空。吴南中认为，其核心特征是开放、大规模、关注人、运营模式颠覆、注重生态。秦虹和张武生则认为，"互联网＋教育"的本质特点是跨界连接、创新驱动、优化关系、扩大开放、更具生态性。

综合多位学者的观点，"互联网＋教育"的特征主要表现在以下两方面。一方面，"互联网＋教育"具有开放性、大规模性、创新性、生态性等特征。教育资源开放，超越了学校的地域限制和约束性时间管理，提供大量的学习名额让学习者共享，互联网思维对教育整体及部分进行了创新，重塑教育生态。互联网所具有的独特属性赋予了"互联网＋教育"全新的特征。另一方面，"互联网＋教育"具有个性化、重塑性的特征，关注学生个体，重塑师生关系。"互联网＋教育"的本质是教育，要以促进学生的发展为根本。同时"互联网＋教育"能够为学生提供个性化服务，因人而异。另外，开放的教育资源打破了教师单向教授知识的教育结构，学生拥有了话语权并在师生关系中占据主动。

3）"互联网＋"课堂教学模式的构建

上海师范大学黎加厚教授（2015）提出，互联网时代最终改变课堂的是用新的教学模式和新的技术开展利用网络化资源的学习。对教育来说，"互联网＋"意味着什么呢？有什么影响呢？概括一下应该有四个关键，"互联网＋"让教育个性化、移动化、社会化、数据化。从另外一个角度看，"互联网＋教育"是对传统教育做减法，利用新的教学模式，提升教育的效率和课堂教学质量。

华东师范大学教授祝智庭（2015）在"互联网＋课堂教学创新"中提出"信息技术推进职业教育变革"，以信息化手段改进职业教育教学模式。

华中师范大学校长杨宗凯（2016）表示"教育信息化是教育现代化的核心动力和根本标志，教育现代化的根本目的是促进人的现代化，促进人的全面、自由、个性发展。"他指出，信息化背景下教育环境、学习渠道和方式、教学内容、教学模式、师生关系都在改变，而教育的本质、学校功能、教师职责不能改变。利用"互联网＋"提供的多种教学资源，教师运用不同的教学方式和教学手段，为学生的学服务，打造"互联网＋教育"背景下的新型课堂教学模式。

江苏省南京市教育科学研究所李宏亮（2016），在基于"互联网＋教育"的课堂教学重构研究中，提出"互联网＋"课堂教学下，教师与资源、多媒体，学生与资源、多媒体、线上与线下、现场与非现场等将产生猛烈碰撞，进而使师生的个性化和特色化得以呈现，生成全新的课堂教学模式。

对大量文献梳理分析和已有大部分研究者的研究发现，大部分研究者主要从利用"互联网＋"进行课堂教学、"互联网＋"教学资源的分类和利用这些资源重新设计与组合的新型课堂教学模式等角度进行了说明或未经实践检验与应用的论证，并未考虑到如何选取其中的一种或几种综合地、有效地应用到课堂教学中，真正提升课堂教学效果，还缺乏科学系统的实践应用研究。因此很难从已有研究中找到具体的、具有借鉴价值的课堂教学模式。综合上述分析和论述可以总结出，由于"互联网＋"课堂教学依托网络的支持，可能存在学生使用网络学习时出现因网速慢或网络故障，无法观看或上传下载资源，导致教学无法继续进行，学生因客观因素出现学习被打断的现象。还有因课上学生在实时上网的环境下学习，可能出现自控力差的学生用电脑或手机打游戏或浏览与课堂教学内容无关的现象，这种情况会给教师课堂教学管理带来困难，并严重影响和干扰课堂教学效果，而在已有研究成果中提出或提及的改善方案也极少。以上研究中存在的问题也为本书的研究增加了难度，也是在今后研究中需要注意和克服的问题。

4）"互联网＋教育"对课堂教学的影响

"互联网＋教育"既为教育课堂教学提供了发展的新机遇，也为教育课堂教学带来了全新挑战。胡乐乐认为，"互联网＋教育"给我国教育带来的机遇包括：教育进一步突破时空限制、教育进一步个性化、教育模式变得更多元、教育生态变革变得更多样；挑战同样存在，如教育变得"肤浅化"和"快餐化"，师生和同学关系变得淡薄疏远。平和光、杜亚丽认为，"互联网＋"能够优化教育资源配置，促进教育更加公平，尊重学生个体差异，满足学生个性化需求，突破学习时空限制，加快学习方式变革，变革原有教学方式，丰富学科课程内容；而挑战包括欠发达地区教育基础设施有待完善，教师理念和信息利用能力有待更新和提高，学生知识的辨别与接受能力面临新挑战，传统教育中的德育和美育面临淡化风险。纵观各位学者的观点，在"互联网＋教育"给教育课堂教学带来的机遇方面，学者们围绕着教育理念、教学内容、教学模式、学习方式、教育公平等方面来进行分析。

教育理念方面，颠覆传统的知识体系构建观念，知识获得的途径无限化；颠覆传统的教学模式设计观念，学生可自行选择学习模式，过去以"灌输"方式学习的描述性知识不再流行；颠覆传统的教育体制设计观念，商业化运营模式出现，"互联网＋教育"学历认证体系逐渐被社会接纳。

教学内容方面，因为互联网大数据云计算的应用，教育资源更加丰富，全球的教育资源都可以通过互联网共享。教学模式方面，互联网使学生能够接触到丰富的教育资源，获取知识的途径不再依赖于教师，改变了以教师中心的授课模式，并催生教育业态从班级授课制走向学生个性化定制。而以MOOC为代表的在线课程更是丰富了已有的教育模式，催化新的教学模式的产生。在互联网平台上，教师也有了更多的范围来选择教学方法。

学习方式方面，学生能够根据自己的兴趣和需要随时从互联网中学习课程，也可以根据自己已有的认知水平和能力选择观看微课，在课堂教学的过程中占据更多的自主性和主动性，更好地发挥学生自身学习主体的作用。

教育公平方面，"互联网＋教育"在一定程度上打破了地域、经济、文化的限制，让学习者能够接触到优质教育资源，从而均衡了教育资源，促进教育公平。

"互联网＋教育"下课堂教学也面临着诸多问题亟待解决，主要有三个方面。

一是学生。"互联网＋教育"对学生提出了更高的素质要求。"互联网＋教育"下知识可能会以碎片化的形式呈现，不利于学生对知识进行精细加工和深度思考，因此"互联网＋教育"对学生的信息素养如知识接受能力和信息筛选、甄别能力提出了更高的要求，在零碎的学习时间里将零碎的知识内容系统化、网络化，成为学生学习的关键。也有学者认为"互联网＋教育"为学习者提供了各种学习方法，学生只需进行选择进而开展学习，这有可能增加学生的惰性，学生缺少了探索知识、举一反三的过程，也对学生的学习能力提出了考验。

二是传统教育中的德育。德育一直是学校教育的重点，除学生学习知识以外，更需要教师对学生的道德品质进行培养，而在"互联网＋教育"下，教师与学生不再是面对面教学的关系，更多的是通过仪器设备进行交流，这就弱化了真实的师生、学生之间交往关系，不利于学生的道德情感体验，传统教育中的德育可能会被弱化。

三是教育公平。前文提到"互联网＋教育"能够在一定程度上促进教育公平，但前提条件是要具备"互联网＋教育"所需要的教育基础设施，而目前在我国的偏远、欠发达地区教育信息化硬件设施仍然欠缺，就此而言，加剧了教育不公平的问题。

5）基于"互联网＋教育"的课堂教学改革

在"互联网＋教育"背景下，教育课堂教学需做出一定改变，以此来更好地适应"互联网＋教育"。为此，诸多学者对教育课堂教学提出了改革建议。

有些学者从宏观角度提出了教育课堂教学的改革建议，例如安鑫和杨亚芹就提出了"互联网＋教育"的推进机制，包括转变教育理念，推广"互联网＋教育"的教育文化，变革教学方式，重构"互联网＋教育"的教学课堂，改革教学管理，构建"互联网＋教育"的管理模式，提高师资水平，强化"互联网＋教育"的人才储备。李宏亮、赵璇则认为，"互联网＋教育"背景下，应借力科技，为课堂变革插上腾飞翅膀，着力课程，为教学重构明晰实现路径，助力教师，为课堂优化提供持续支持，变革管理，为课堂探索创设缓冲空间。

还有一些学者从微观上进一步提出了具体的改革路径，例如张茂聪和秦楠针对原有的教学模式困境，创造了"互联网＋教育"背景下以互动、开放、共享为主旨的互动相容教育模型，该模型涵盖了基于互联网平台下的教学准备阶段、面授阶段和总结阶段。再如桑雷重构了"互联网＋教育"背景下的教学共同体，他从重建教学理念，重塑教学生态，重铸教学能力三个方面论述了教学共同体的重构策略。

综合已有研究，在利用"互联网＋教育"的思维改进教育课堂教学的过程中，首先应从观念上入手，正确理解"互联网＋教育"的思维和内涵。其次，"互联网＋"与教育的深度融合会带来更新的教学理念和更多的教育教学方法，在对待新的教学理念和教学方法方面，与时俱进的同时要注重紧密联系学生的实际情况，灵活选择，做到选择最优化，以期达到更好的教学标准。"互联网＋教育"对传统的课堂教学的改变并不是对现有课堂教学内容和方法的彻底否定，某种意义上，"互联网＋教育"是教育内部的自我改变与发展，实质上是一种自我的扬弃。

（2）职业教育教学模式的研究现状

20世纪90年代之前，我国对于职业教育的研究不多，没有形成系统的理论体系，仅有的一些研究大多集中在办学思想以及专业、课程的设置方面，到了20世纪90年代中后期，随着劳动力的市场化发展，农村剩余劳动力的转移问题暴露出来，导致职业教育问题突显出来。学术界对此而展开了广泛研究，研究内容主要涉及职业教育的内涵、理论以及发展中的相关问题，但总体上大都把职业教育看作教育学或者教育经济学领域进行研究。

近年来，随着职业教育体系的初步形成，《中华人民共和国职业教育法》的颁布更是确立了职业教育在我国的重要地位，有学者开始对职业教育进行探索，学科主题开始倾向于职业教育的办学方向、教学模式、发展策略等方面。崔毅、廖晓中等学者认为中职学校的生存与发展要适应中国的国情和市场需求，徐国庆、石伟平学者也认为办职业教育要在中国政府的鼓励下，从中国市场的实际需求出发，即是从受教育者的实际需求出发。这些学者对职业教育进行了初步的研究并获得了一些经验。黄炎培作为我国职业教育的奠基者，把"谋个性之发展"作为职业教育的目的，这些学者的理论知识值得职业教育研究者借鉴和学习。

改革开放以来，中国的职业教育虽有发展，国内很多学者对职业教育进行了研究，取得了不少成果，欧阳河（2006）在《职业教育基本问题研究》一书中详细阐述了职业教育的作用和重要意义以及存在的基本问题，提出了自己的观点，他指出目前国内中职教育出现了"淡化学科，强化专业"的现象，他认为："学科和专业并不矛盾，不存在光需要技能而不需要理论的说法，反之亦然。即便是文化水平很低的人，也能有一些关于理论的思考，只是有一个比重问题"。郭耀邦（2001）在《中等职业教育教学的现状、问题及对策》一文中，也提出了同样的问题和观点，可见中等职业教育不能完全抛开理论知识。付菊、孙弼（2004）在《国外职业教育发展趋势及启示》一文中通过分析研究国外职业教育的特点和发展趋势，提出了中职学校职业教育要根据市场需求，实施教育和教学，灵活运用教学方式和方法的观点。牟文义（2007）的《提高我国中等职业教育水平的教学模式改革与完善》一文，给出了如何改善我国中等职业教育模式改革和完善的方法，他指出：培养创新型人才是我国中等职业教育改革的最好出路，职业教育又是一种全新的创业教育，可以使学生自我效能感不断增强，自主创业能力得到提高。可见我国的中等职业教育正从专业教育向创业教育过度，董丽英（2011）通过对中职人才培养模式与教学质量之间的关系进行研究，撰写了《中职人才培养模式与教学质量管理政策研究》一文，她指出：要通过制定相关政策和管理制度来约束和规范中职教学模式，提高人才培养的质量。而胥玲玲（2011）在《中等职业学校"订单式"人才培养模式研究》一文中提出了中职学校应该以订单的形式针对企业需求有针对性的设立学科和专业，使学生毕业就参加工作，而不是盲目的培养一些专业不对口，毕业无人用的所谓技术工人或技术人才。

国内学者在教学模式上的观点概括起来主要有两种：第一，从教学方法角度来看，教学模式是以教育目的为基准运用多样式的教学方法，形成动态的全面的教学系统，教学模式则是以教学思想、规律，教学目标为依据的教学框架。第二，从教学结构的角度对教学模式下定义，认为教学模式是对于教学结构作出的一种假定、类比和简略的具有特殊性的表述，其中，有的学者认为教学结构是教学模式的一种上位概念。北京师范大学王策三教授依据教学模式与教学结构两者的关系，在此基础上又提出了其他相关的理论，他首先认为教学结构是构成教学活动诸要素之间的联系，其次认为一种教学结构如果带上了相对的泛型性和稳定性，那么便是教学模式。

（3）"互联网＋职业教育"的研究现状

由于"互联网＋"在教育领域的应用是近几年出现的，目前在"互联网＋职业教育"提升课堂教学效果、"互联网＋"提供的教育资源推动"互联网＋职业教育"的建设方面研究颇多。

1）"互联网＋职业教育"提升课堂教学效果

很多"互联网＋"领域的专业家学者和职业教育一线的教师，提出了将"互联网＋"应用到职业教育中。《2015年中国互联网学习白皮书》中的调查统计结果显示，互联网中用户学习的渗透率约70%。说明互联网已经广泛渗透到教育中，成为现代学习的一种新方式。

杨晓娟（2018）等学者阐述了"互联网＋"学习，是指学习者利用互联网获取信息或知识、发展交流、提高自主学习能力、激发学习动力、提升学习体验、实现自我价值的网络化学习。山东师范大学教师杨晓娟、左秀娟（2018）对《2017年中国互联网学习白皮书》的解读中，分析了我国2015～2017年互联网学习者数量对比率排前三位的区域是华东、华北和华南。其次是西南、西北和华北，而东北地区互联网学习者数量与其他地区相比较少。从统计结果来看，互联网学习在我国各地区的应用程度不同，北方地区互联网在教学中的应用是相对滞后的，需要加强"互联网＋"在教育中的应用。

西南大学徐冉冉老师（2016）在"互联网＋教育"面临的机遇与挑战分析中谈到，"互联网＋职业教育"是一种新的教育方式。它改变了传统单一的教学模式，促进了教学形式、学习方式的多样化和个性化。"互联网＋"已经渗透到课程、教学、学习、教学评价及教育科学研究等方面。探索网络化教育新模式，即微课、慕课、翻转课堂、云课堂等多种信息化形式，使教师的教学方式和学生的学习方式、学习内容变得更加多样化。

吉林长春职业技术学院李丽新教授（2018）阐述了"互联网＋"背景下职业教育的内涵与目标。"互联网＋职业教育"将互联网与职业教育相融合，职业教育与普通教育不同，既包括学习也包括工作，既属于教育也包括产业。其教学内容丰富，不仅要求学生掌握理论知识，还要有一定的动手实践能力。互联网与职业教育相融合，实现了传统教育与网络教育的相结合，大大地提高了授课效率，丰富了职业教育的教学方式与手段，实现了线上和线下教育的结合，提高了职业教育的教学效率，也给学生提供提升自我的平台。应该运用互联网技术更好地完善、创新职业教育。

北京轻工技师学院高级讲师李丽（2016）发表的《浅析"互联网＋"在职业教育中的应用》一文中，对"互联网＋职业教育"的实施思路进行阐述。"互联网＋职业教育"就是采用互联网技术，实现技术和职业教育的深度融合，形成一种新型的、更加有效的信息化职业教育模式，教学内容、方式和评价手段将全面进入"互联网＋"模式，形成网络教学平台、软件、视频、资源等全新手段，也体现了"互联网＋职业教育"特点。

天津电子信息职业技术学院讲师张乐天（2016），探究了利用互联网等先进技术手段实施教学的必要性，通过分析日常教学中"教与学"存在的问题，利用数据存储、统计、分析等具体方法，更为直观地展示学生在学习过程中的效果，使学生学得轻松，教师教学更具针对性，形成新"线上＋线下"的新型教学模式。

陕西师范大学李延平教授、王雷硕士（2017）采用书目共现分析系统（BICIOMB）和知识图谱研究法，在2012—2016年中国学术期刊网络出版总库中的文献、论文和期刊中，以"互联网＋"并含"职业教育"为主题检索，共得到483篇文献，其中得到376篇有效文献。展现了国内"互联网＋职业教育"的研究现状，其中关于"互联网＋"的文献高频关键词出现106次，中等职业教育高频关键词只出现了15次。笔者通过对中国知网等各大数据库中的文献也进行了大量查阅，也发现目前关于"互联网＋职业教育"的相关领域的文献研究中理论居多，实践应用较少。

2）利用"互联网＋"提供的教育资源推动"互联网＋职业教育"的建设

还有很多专家学者也提出了利用"互联网＋"提供的教育资源推动"互联网＋职业教育"的建设。虽然观点各有不同，但总体来说，就是通过"互联网＋职业教育"，推动职业教育教学模式的改革，助力国家通过现代科技手段，充分发挥网络的积极影响，增强职业学校学生驾驭网络和通过网络进行学习和交流的能力，教会学生逐步掌握从网络获取、传递、加工和处理各种有益信息的能力，从网络上获取新知识的形式，更好地将"互联网＋"与职业教育结合起来。

综上所述，"互联网＋"在职业教育领域的应用是近几年的新兴产物，而"互联网＋"推动职业教育教学改革，又是一个新的论题。笔者通过对大量文献的研究和分析发现，很多"互联网＋"领域的专家学者也只是提出了在职业教育中去应用的观点，至于如何应用还缺乏科学的、具体的、系统性以及指导性的经验成果，这也是目前研究存在的问题及不足。

（4）"互联网+"职业教育教学模式的研究现状

1）"互联网+"职业教育对教学模式的改变

汤敏博士认为，将互联网应用到教育里面，会产生很大的冲击力。他表示："首先，互联网是个技术，它不可能替代教育，该老师讲的还得老师讲。但是，技术是可以产生革命的。"由此说明"互联网+"可以为教学提供新的改变和服务。

南旭光（2015）在对"互联网+"职业教育的逻辑内涵、形成机制及发展路径研究中指出，"互联网+职业教育"是现代职业教育基于信息技术的一次"融合—改革—创新"的转型升级，提升职业教育的附加值和综合竞争优势。

闫广芬（2016）等人在"互联网+职业教育"体系架构与创新应用的研究中继续将内涵细化，即"互联网+职业教育"以"用户中心"引领职业教育"学习者中心"的教育理念，以"万物互联"引导职业教育产教深度融合、校企深入合作，以泛在网络和云计算技术构建满足个性化需求的泛在职业教育生态，以大数据的深度应用支持系统化和综合化的校企学习评价。

罗娟丽（2015）在"互联网+"背景下职业教育的解构与重构研究中提出"互联网+职业教育"作为数字化的教育群落，是信息化场域中的主动建构与嫁接，具有明显的在线性、柔性化特质，将会改变职业教育的发展范式，进而催生出新的价值。基于价值说，如互联网与职业教育的嫁接衍生出互链传递价值、互动创造价值、互融共享价值以及互进升华价值。

平若媛（2016）等在"互联网+"环境下职业教育改革模式的探讨中指出，2015年全国职业教育工作会议中，习近平总书记提到职业教育应深化体制机制改革，创新各层次各类型职业教育模式，坚持产教融合、校企合作，坚持工学结合、知行合一，引导社会各界特别是行业企业积极支持职业教育，努力建设中国特色职业教育体系。

综上所述，"互联网+"职业教育对教学模式各个方面产生了新的改变。

2）"互联网+"职业教育对人才培养模式的改变

南旭光（2015）等人在"互联网+"时代职业教育的价值取向与实现路径研究中提出变"工具"为"范式"的价值取向，以"互联网+"驱动职业教育人才培养。

郑慧仪（2017）在"互联网+"发展对终身学习的影响，基于职业教育领域研究中指出，随着职业教育价值革新，观念也会随之改变，如人才观上更迫切需要高科技知识创新型人才，能力观上更加强调关键能力、软能力和适应能力，专业观上重构与产业链、产业群的衔接，课程观上以项目融合科技发展内容，教学观上实行"理实一体化"。

王启龙（2016）在关系转变视角下"互联网＋"时代职业学校教育的系统化变革中，基于教育质量的研究，认为"互联网＋职业教育"会牵动四对关系转变，即校企关系从合作伙伴到共生互助，师生关系从直面传授到多维陌生，师生关系从单向获取转为情感交互。但不管职业教育置身"互联网＋"之中如何演变，追本溯源也终究离不开"人"字。

通过上述已有研究来看，众多学者都提出了将"互联网＋"与职业教育进行融合的观点，会改变以往的教学方式和形式，改变人才培养模式，创新和提升课堂教学效果的新教学模式，以及"互联网＋"给职业教育带来的好处，推动职业教育的改革与创新。这些观点的提出说明探究"互联网＋"在职业教育领域的应用是一个具有研究价值的论题。

（四）研究思路与研究方法

1. 研究思路

本研究主要分为六个阶段：资料收集整理、主题概念研究、混合教学模式发展历程研究、理论研究阶段、实践应用阶段和研究总结阶段。

第一个阶段是资料收集整理。课题组成员在知网上搜索下载各类文献，阅读大量有关"互联网＋""互联网＋教育""互联网＋职业教育"、教学模式的文献资料，积累相关知识，了解国内外最新发展情况和研究成果。

第二个阶段是主题概念研究。通过对国内外文献的研读，运用文献调研法整理"互联网＋职业教育"的国内外研究现状，并对"互联网＋""互联网＋教育""互联网＋职业教育"、教学模式等相关概念进行界定。

第三个阶段是运用文献研究法，介绍"互联网＋"背景下混合教学模式发展历程，提出其发展历程主要分为三个阶段：从班级授课制到现代远程教育、从静态呈现到以服务创新为导向的在线学习、混合学习。

第四个阶段是理论研究阶段，运用文献研究法、访谈调查法，对"互联网＋"二维四阶教学模式进行研究，从理论基础、教学目标、操作程序、实现条件进行研究，对实现条件做了重点研究，提出了其实现条件主要在于提升教师信息素养、转变学生学习方式、建设网络学习空间三个方面，最后得出该模式的五个特征。

第五个阶段是实践应用阶段，对"互联网＋"二维四阶教学模式的实施策略进行了研究，针对第四阶段中提出的实现条件的三个方面提出了策略。

第六个阶段是研究总结阶段，对研究进行反思总结与展望。

2. 研究方法

文献研究法：通过各种途径对职业教育教学模式相关文献进行查阅、整理和分析，从而了解教学模式变革研究中取得的成果，并以此来获得多方位的观察视角和理论指导。

问卷调查法：通过问卷调查，收集师生对"互联网+"环境下职业教育的反馈。

访谈调查法：访谈调查法是了解被访谈者对某一事物（包括人）的想法、感情和满意度的方法。本研究采取访谈法对教师与学习者对于"互联网+"环境下教学的看法与情况进行了解，将获得的信息进行整理分析，按照教师与学习者的实际需求建构"互联网+"教学模式。

观察法：深入课堂观察"互联网+"对教育、教学及教学模式的影响，借以发现"互联网+"教学模式在课堂教学过程中的现状及存在的问题，并提出解决方案。

第二章 ▶▶

相关概念概述

（一）"互联网＋"

"互联网＋"概念最早出现在产业界，但是对其解读却有多个不同的版本。阿里研究院所发布的《"互联网＋"研究报告》中对"互联网＋"的定义是："以互联网为主的一整套信息技术在经济、社会生活各部门的扩散、应用过程"。腾讯研究院则将"互联网＋"理解为：利用现代信息通信技术，将互联网及包含传统行业在内的诸多行业紧密结合起来，开创一种新的业态。在前者看来，互联网是在现代社会中信息处理成本最低的基础设施，它所具有的开放、平等、透明等特质能够使海量信息资源和无处不在的大数据动起来，从而转化为巨大的现实生产力，创造出不断增长的新财富。在后者看来，"互联网＋"则是某个行业以互联网为平台，充分利用外部资源和环境，从而提升发展能力的过程。

国内"互联网＋"理念的提出可以追溯到 2012 年 11 月于扬在易观第五届移动互联网博览会的发言。易观国际董事长兼首席执行官于扬首次提出"互联网＋"理念。他认为，在未来，"互联网＋"公式应该是我们所在的行业的产品和服务，在与我们未来看到的多屏全网跨平台用户场景结合之后产生的这样一种化学公式。我们可以按照这样一个思路找到若干这样的想法。而怎么找到你所在行业的"互联网＋"，则是企业需要思考的问题。

2015 年 3 月，全国两会上，全国人大代表马化腾提交了《关于以"互联网＋"为驱动，推进我国经济社会创新发展的建议》的议案，表达了对经济社会创新的建议和看法。他呼吁，我们需要持续以"互联网＋"为驱动，鼓励产业创新、促进跨界融合、惠及社会民生，推动我国经济和社会的创新发展。马化腾表示，"互联网＋"是指利用互联网的平台、信息通信技术把互联网和包括传统行业在内的各行各业结合起来，从而在新领域创造一种新生态。他希望这种生态战略能够被国家采纳，成为国家战略。

在 2015 年 3 月 5 日的十二届全国人大三次会议上，李克强总理在政府工作报告中首次提出"互联网＋"行动计划。李克强在政府工作报告中提出，制定

"互联网＋"行动计划，推动移动互联网、云计算、大数据、物联网等与现代制造业结合，促进电子商务、工业互联网和互联网金融（ITFIN）健康发展，引导互联网企业拓展国际市场。

2015年7月4日，经李克强总理签批，国务院印发《关于积极推进"互联网＋"行动的指导意见》，这是推动互联网由消费领域向生产领域拓展，加速提升产业发展水平，增强各行业创新能力，构筑经济社会发展新优势和新动能的重要举措。

事实上，随着政策制定者的积极响应，"互联网＋"已经不再局限于从技术应用视角所理解的由云计算和大数据基础设施、互联网和物联网、个人终端设备所构成的"云＋网＋端"三位一体的互联网技术应用体系，转而上升为一种推动经济及社会变革创新的国家战略。"互联网＋"也因此迅速从一般意义上的信息化升级版演变为了一种推动经济系统和社会系统发展的全新范式。在信息化社会和大数据时代，伴随着这种新的发展范式的催动，经济和社会逐渐步入数字化、智能化、在线化和协同化发展的新阶段，互联网技术的广泛应用改变了人类社会及其经济运行的演化轨迹。这样一个基于终端联通、利用数据交换、促进动态优化、推动产业变革从而实现社会转型的整个动态演进过程，就是我们现在所理解的"互联网＋"。在这个过程中，依托互联网，利用现代信息技术，人类社会的网络化生存空间不断被拓展，社会生产及生活的数字化水平不断被提升，经济和社会发展中的多个场景的互动共生与跨界融合被不断推进，经济和社会系统的均衡被不断打破，社会变迁的速度无形之中得以加剧。

由此，我们可以将"互联网＋"重新定义为：这是一个借由现代信息通信技术而构建的，旨在优化生产服务模式和资源配置方式，从而促进经济、社会、文化和技术不断跨界耦合及变革创新的系统，它是推动经济社会创新发展、科学发展、和谐发展的新范式。

（二）"互联网＋教育"

在"互联网＋"教育的探讨上，目前还没有一个准确的权威性定义，众多的教育研究者都力图从不同视角去阐释其内涵。

谢春风认为，"互联网＋教育"是信息技术与教育的结合、融合和新教育生态的再造，是教育技术、手段、方法、形式和内容的深刻变革，但教育的核心价值往往具有稳定性，好比奔腾激流中伫立不动的巨石。

王竹立认为，"互联网＋"的本质就是碎片与重构，是将原来的一切都分解成碎片，然后再以互联网为中心重新组建起来，成为新的体系、新的结构。因此，"互联网＋教育"意味着未来的一切教与学活动都围绕互联网进行，老师在互联网上教，学生在互联网上学，信息在互联网上流动，知识在互联网上成型，线下活动成为线上活动的补充与拓展。

李碧武认为，"互联网＋教育"是在尊重教育本质特性的基础上，用互联网思维及行为模式重塑教育教学模式、内容、工具、方法的过程。

张岩从"互联网＋"对教育理念的冲击和重构着手探讨，提出了自主学习的模式变革给教育带来的挑战，即要适应"互联网＋"时代"以用户为中心"的思维方式，构建以"以学习者为中心"的教育理念和模式。畅想未来的"互联网＋教育内容"，将重在探索以课程设计为核心，集成整合各类优质教育教学资源，构建教育资源的网络超市，为社会提供多层次、高品质的公共教育服务；"互联网＋教育体验"将以学习者的需求为导向、以学习者的体验为核心。

吴南中认为，"互联网＋教育"就是通过信息网络技术将教育注入互联网基因，实施包括从人才培养目的、人才培养过程和人才培养评价等全程的变革，以及支撑人才培养的机制体制变化，实现以互联网为支撑的生态化的教育，以满足互联网经济时代和社会发展所需要人才，实现教育全局性发展、战略性转型。

综上所述，研究者将"互联网＋教育"的内涵概括为以下几点：第一，互联网技术；第二，以教育为核心，本质在于分解与重构；第三，"互联网＋教育"是一种思维模式。

（三）"互联网＋职业教育"

"互联网＋"既是职业教育的时代背景，也是引领职业教育全方位革新的推动力。首先，关于"互联网＋职业教育"的内涵界定，现有研究基本达成共识，即是一种跨界融合。早在2012年柯清超提出，"互联网＋职业教育"就是将互联网创新成果在职业教育教学活动的全过程进行深度融合；尚俊杰提出层次说，即"互联网＋职业教育"属于职业教育信息化的第二个层次，是领域性的业务流程再造；南旭光提出，"互联网＋职业教育"是现代职业教育基于信息技术的一次"融合—改革—创新"的转型升级，提升职业教育的附加值和综合竞争优势；闫广芬等人继续将内涵细化，即"互联网＋职业教育"以"用户中心"引领职业教育"学习者中心"的教育理念，以"万物互联"引导职业教育产教深度融合、校企深入合作，以泛在网络和云计算技术构建满足个性化需求的泛在职业教育生态，以大数据的深度应用支持系统化和综合化的校企学习评价。其次，"互联网＋职业教育"作为数字化的教育群落，是信息化场域中的主动建构与嫁接，具有明显的在线性、柔性化特质，将会改变职业教育的发展范式，进而催生出新的价值。基于价值说，如互联网与职业教育的嫁接衍生出互链传递价值、互动创造价值、互融共享价值以及互进升华价值；南旭光等人提出变"工具"为"范式"的价值取向,以"互联网+"驱动职业教育人才培养;随着职业教育价值革新,观念也会随之改变,如人才观上更迫切需要高科技知识创新型人才,能力观上更加强调关键能力、软能力和适应能力,专业观上重构与产业链、产业群的衔接,课程观上以项目融合科技发展内容,教学观上实行"理实一体化"。

"互联网+职业教育"本质上是教育与产业的跨界融合,是价值体系在相互适应的过程中孵化出的一种新生态。"互联网+职业教育"即将互联网的创新成果深度融合于职业教育教学活动的全过程,形成以学生发展为中心,以互联网为基础设施和驱动要素,各个利益相关者协同参与招生决策、教学培养与职业发展的职业教育新常态,进而通过技术与学校系统各要素的深度融合,推动学校教育系统的结构性变革,帮助学校建设成为一个开放系统,形成创新人才培养的模式和适应信息时代的学校文化。

(四)教学模式概述

1. 教学模式概念界定

(1)《现代汉语词典》对模式的解释

模式是某种事物的标准形式或使人可以照着做的标准样式。在一般科学方法或科学哲学中,原义是"模型""典型""范例"等。它表示用实物或符号形式将原物、活动、理论等仿制、再现出来。

(2)《教育模式全书》的界定

教育模式是一种科学理论模型,是一种教育科学研究的方法系统。为了有目的、有计划、有组织地向受教育者施加影响,以促使受教育者的身心得到发展的社会实践活动为研究对象,以探讨受教育者的身心怎样获得最佳发展和效果的规律为目标。

(3)教学模式的界定

教学模式是基于一定的教学理念与教学原则,在教学过程中必须遵守的稳定教学活动程序及方法的策略体系。任何教学模式都指向和完成一定的教学目标,在教学模式的结构中教学目标处于核心地位,它决定着教学模式的操作程序和师生在教学活动中的组合关系,也是教学评价的标准和尺度。一个好的教学模式能将较为抽象的理念和原则转化为具体的策略,架构教学理论与教学实践的桥梁,对教学实践起具体的指导作用。

(4)教学模式的构成

一个完整的教学模式一般包含以下五个因素:

1）理论基础

教学思想是教学模式的理论基础，它决定了教学模式的具体方向。理论基础可以用来鉴别一个教学模式的成熟程度。无论是传统的教学模式还是信息化的教学模式，它们都是建立在一定的理论基础之上的，不同的教育观往往产生不同的教学模式。在教学模式的构成中，理论基础既具有独立性，又渗透于其他各个因素之中，起到指导性作用。大多教学模式的理论基础并非是单一的，而是几种理论基础的综合。有些教学模式所包含的理论基础具有一致性，比如布鲁纳的概念获得教学模式、奥苏贝尔的先行组织者教学模式，其理论基础都包括现代认知心理学理论。

2）实现条件

实现条件是指能够使教学模式发挥效力并达到教学目标所需要的各种内外部因素。其包括教师、学生、师生关系、硬件、软件、教学内容、教学资源、教学环境等，各种内外部因素的有机组合促成教学模式的成功实现，不同的教学模式其实现条件各不相同。比如布鲁姆的掌握学习模式，其实现条件包括认知行为、情感特性、教学质量。他指出，有利的学校条件能够保障大多数学生很好的学习，并从中获得满足感。

3）教学目标

任何教学模式都需要完成一定的教学目标，教学目标在教学模式的构成中处于核心地位，并对其他构成因素起到制约作用，它决定着教学模式的逻辑步骤以及师生在教学活动中的组合，同时也是实施教学评价的重要标尺。教学目标的实现程度以及教学者对教学目标的认识，这些信息能够帮助教学者及时调整教学过程，使教学模式趋于完善。

4）教学过程

任何教学模式都具有其特定的逻辑步骤和操作过程，它规定了师生在教学活动中的各个步骤以及应该完成的任务。虽然每一种教学模式都有着其特定的操作，但并不是一成不变的，教学过程求的是稳中有变，教师在教学过程中要善于结合学生的实际情况，予以创作性教学，发挥教育机智。

5）教学评价

教学评价是教学模式所特有的，为了完成教学任务并达到教学目标的评价方法和标准。由于不同的教学模式其教学任务和教学目标不同，因此其评价标准也不同。目前，一些较成熟的传统教学模式已经形成一套稳定的评价标准，但大部分新型教学模式还没有形成一套能与各要素相对应的评价标准。

2. 传统课堂教学模式

传统课堂教学模式在教学中存在的问题为：传统课堂教学模式以"教师为中心"，学生的主动性得不到发挥，教师课堂讲授的知识点，学生当堂课虽能掌握，但完成课后作业有障碍，存在知识遗忘的情形。究其原因，主要是传统的课堂教学模式，课堂上留给学生思考、互动讨论时间少，学生依赖心理强，被动接受教学内容，缺乏探究精神，从而形成了知识点已掌握的假象。

传统课堂教学模式不能照顾到学生的差异性及个性化需求，多年教学实践发现，通过注册入学进入同一个班级学习的学生在学习能力、原有知识水平、学习方法等各方面都存在着较大差异。而这种差异很大程度上影响了学生对知识点的掌握，从而也影响了学生学习的积极性。传统课堂教学模式，师生间教学互动不够，教师的教授效果及学生的学习效果等信息只能通过作业反馈，教师无法跟踪学生真实的学习情况。

3. 互联网思维与传统课堂结合的混合教学模式

在"互联网+"大潮的推动下，教育将经历两个层面的进阶。其一，教育思维方式、运行方式将发生翻天覆地的变化，如教师的教授方式方法、知识传播路径、学生学习工具的更新均向多元化及扁平化方向转变。其二，教育知识共性化，"互联网+"打破了知识的禁锢，加速全球知识库的形成，优质教育资源得到极大的流通与更新，降低教育成本，以相对较低的教育成本开展大范围的教育，促进人才的培养，建设学习型社会，"互联网+"与混合式教学的融合是时代之必然。

（1）线上-线下混合

线上-线下混合使网络教学与传统课堂教学实现真正的统一，打破线上-线下存在的界限。这是混合式教学之混合的最表层含义。"互联网+"将通过系列应用技术实现有形教学与无形教学混合式的复式教学。线上教学与线下教学是两种浑然不同的教学形式，线上教学以互联网、新型技术、媒体为传播媒介；线下教学更加侧重于传统的教学，两者虽然是不同的教学方式，但是其追求的基本目标是一致的，那就是高效地完成教学活动，促进有效教学的发生。混合式教学以教学平台为起点，教师、家长、学生、教学资源等要素均被连接起来，如果线上学习与线下学习过程处于割裂状态，则混合式教学将会流于形式主义，达不到我们所期望的理想状态，反而会适得其反，增加教师与学生的负担。

（2）教学资源混合

教学资源混合可以从资源内容、资源呈现方式和资源优化与整合三方面进行分析。①教学资源内容的混合。基于社会对于综合性人才的需求，学校更加重视对多样化、整合性人才的培养，文理互通、学科融合将是未来学科的发展趋势。混合式教学也包含对于教学资源内容的混合。学习者接收到的信息不局限于某一门学科，而是发散且有条理的知识体系，更有利于在学习过程中触类旁通。②教学资源呈现方式的混合。教学资源的呈现方式是多种多样的，资源的呈现方式应符合学习者的认知规律，传统书本式的知识呈现方式有利于学习者对于知识的系统性把握，一直以来，课本在课堂教学上发挥着不可替代的作用，缺点在于阻断知识的流通，知识过于静止，利用率相对较低；知识以文字的形式呈现过于单一，不利于调动学习者的积极性与主动性。我们不可能完全摒弃课本，只有与新型的资源呈现方式结合才能弥补其不足，这种新型的资源呈现方式即虚拟资源呈现。知识不以固定化的形态存在于课本上、黑板上，而是无处不在，无所不有，只有传统＋新型的混合式知识呈现方式才能满足学习者对于各种资源的需求，实现其个性化发展。③教学资源的优化与整合。当线下资源与线上资源汇聚，形成庞大的知识库，在满足知识数量与共享的需求之后，继而遇到教育资源的低质、重复、分散、无体系等问题，又会形成新的资源浪费，因此，教学资源的优化与整合具有一定必然性。林志斌在"高等教育中的混合学习"中提出了三种程度的混合：轻度混合、中度混合、高度混合。轻度混合是仅在已有的教学活动的基础上，稍稍加入一些额外的混合元素；中度混合是用混合学习的教学活动代替原有的教学方式；高度混合是从根本上在教学设计和规划时，就用混合学习的模式来建构新型教学方式。

（五）信息化课堂

信息化课堂是应时代而生的一种课堂形式，符合社会发展对人才培养的新要求，适应信息时代的新发展，它的出现标志着教育的改革将进入一个新的阶段。信息化课堂注重信息技术与教学的深度融合，力求在利用先进高科技的基础上实现课堂教学、课堂学习、课堂评价的一体化，实现教、学、评的同步实施，确保教师与学生、教师与媒介、学生与媒介、学生与学生等之间的深度互动，从而保证课堂的高效、高质、高创。

信息化课堂由"信息化教室"和"信息化教师""信息化课程"三部分组成。首先，"信息化教室"须满足人手一机、网络支持、演示大屏幕等。其次，"信息化教师"须具备建构主义教学理念，能够在教学中扮演多种角色，课前主要扮演作家、编辑的角色，课堂中扮演导演、教练的角色，课后扮演咨询师、导师的角色。再次，"信息化课程"由信息化平台、信息化资源、信息化课程设计三部分组成，包含数字资源、信息化学习活动和它们的逻辑设计，如分层学习、程序学习、在线讨论、互动评价、游戏式学习等。通过"信息化课堂"培养"信息化学生"，使学生具备相应的信息素养，能在教师的引导下自主学习。

第三章 ▶▶

"互联网+"背景下教学模式发展历程

当前教育信息化如火如荼，尤其是近年来 MOOC、微课、翻转课堂等技术驱动的混合学习理念和教学模式的普遍应用，冲击并改变了传统的学习理念、学习模式、学习手段、学习方法和学习内容，混合学习作为一种新型的学习方式在教育信息化大舞台中发挥着举足轻重的重要作用。为了更好地明了混合学习的演变历程和基本特性，在此扼要回顾工业革命时期以来教育发展过程。

（一）班级授课制

班级授课制萌芽于 16 世纪西欧的宗教改革运动，德国的马丁·路德提出"由国家推行普及义务教育"，为班级授课制的产生提供了良好的政治土壤。中世纪末，随着工商业的逐渐起步和科学文化的繁荣进步，机器生产渐渐代替了原来的手工劳动，社会生产力发生了质的飞跃。社会对人才的需求更加多元化，因而将要求学校扩大教育规模，增加教学内容，提高教学效率和质量，加快教育的普及与发展，力求培养更多的工业型应用人才。此时，个别教学模式已无法满足工业时代"标准化、规模化"的需求，发展的社会迫切需要大量掌握一定劳动技能的标准化的劳动力，班级授课制便应运而生。

最早构想班级授课制的是捷克著名教育学家扬·阿姆斯·夸美纽斯（Tohann Ames Comenius），他在乌克兰兄弟会学校实践经验的基础上总结、改进及理论升华，系统阐述了班级授课制的理论基础和教学原则，初步形成了新的教学形式——班级授课制。然而，今日的班级授课制直接起源于 17～18 世纪英国的贝尔与兰卡斯特开发的"助教法"，也就是说，在夸美纽斯所著《大教学论》大约两个世纪之后，班级授课制才逐渐被世界各国学校普遍采用，发展成为现代教学的基本组织形式。随后，学制、考试评价制度、学位制度等不断完善，形成了今天的现代教育体系。赫尔巴特的五段教学法是与班级授课制相匹配的经典教学模式。赫尔巴特学派认为学习是新旧观念的联系和同化的过程，教育理论的研究，必须为教师提供教学实践的指南。他们着重强调课中环节，主张课堂教学应该有计划和有步骤地进行，把课堂教学的过程分为预备、提示、联想（比较和抽象)、总括和应用五个阶段。五段教学法的意义在于它不仅从学生的已有观念出发、详细分析教学的各个阶段，还使杂乱无章、混淆未别的教学过程走上有章可循的轨道。但随着后工业时代（信息时代）的到来，人们越来越意识到它的滞劣性，如过于机械化和形式化的缺陷在一定程度上限制了学生积极主动性的发挥。但不可否认的是，这种按年龄分年级、以教室为基本活动场所，以传授书本知识为中心的传统教学模式为工业革命输送了大批合格的人才，对人类发展史有着卓越的贡献，也是人类教育发展史上浓墨重彩的一笔。

（二）远程教育

随着科学技术的进步，人类社会由工业化社会转向信息化社会，信息时代多媒体技术和网络技术等信息科技深刻影响着人们的工作、生活和思维等各个方面，同时也对教育产生了全方位、多维度的影响。远程教育正是在这样的时代背景下顺理成章出现的，其学生和教师在时间、空间上处于相对分离的状态，教与学将通过计算机和远程通信手段得以实现。远程教育是一种与班级授课制相对应的教育组织形式，异步远程学习形式、实时远程学习形式、分布式学习形式为远程教育提供了多元的学习方式，教师、学习伙伴同在网络空间，学生可以在时间和空间上根据自身的需求自由地进行学习。远程教育按照不同的标准可划分成不同的类型，在办学体制上，大致可分为独立设置的开放大学（如我国的中央广播电视大学，英国的开放大学等）和普通院校的远程教育部门（如美国各高校的网络大学）；在学习方式上，大致可为分以群体学习为基础的远程教育和以个体学习为基础的远程教育；在教与学的交互方式上，一类是教师和学生准永久性分离状态（无面对面人际交流，各种交互完全通过电子网络等媒体手段），另一类是分离状态的远程教学和面授辅导、答疑方式相结合（如我国各地电大分校所采取的形式）。

远程教育的发展历经了三个阶段，分别与三代信息技术一一对应。第一代教育技术以印刷技术和通信指导为主，对应第一代函授教育；第二代教育技术以大众媒介和个人媒体为主，对应第二代广播电视教育；第三代教育技术以多媒体计算机和网络通信技术为主，对应第三代计算机网络教育。19世纪40年代至20世纪中期的函授教育主要是远程教育机构以邮政方式发送函授学习资料，学生自学并完成作业后寄给教师，教师批改后再次通过邮寄的方式反馈给学生，最后通过相关考试，方能取得相关文凭。20世纪中期至80年代末的广播电视教育阶段，不仅可以利用印刷材料呈现和传送学习资源外，还能够使用广播电视、录音录像等大众或个人媒体呈现和传送学习材料，并且一般情况下配有定期或不定期的面授辅导。20世纪90年代末的计算机网络教育基于双向交互电子通信技术和计算机技术，在一定程度上改善了教师和学生交互的方式和便捷性，将远程教育推向新的高潮，在我国把这个阶段称为"现代远程教育"。

（三）E-Learning

E-Learning 起源于美国，是在线学习最初的形式。互联网技术和多媒体技术一日千里的变化给教育带来了新的发展机遇。为了抓住这个契机，美国于1996 年发布了国家第一个教育技术计划，深刻认识到技术所表现的提供力和包容力，以及充分考虑到技术和教学的进一步融合，提出了 E-Learning。2003 年我国提出建设精品课程，即把一流的教师、一流的教学内容和一流的资源放在网站上免费共享给学习者学习，然而却没有多少人真正去使用它，远没有达到提高教育水平及促进教育公平的初衷。E-Learning 对人们学习的影响与日俱增，它的本质内涵是通过利用信息技术手段与学科课程的有效整合，实现一种理想的学习环境和充分体现学生主体作用的学习方式，从而彻底改革传统的教学结构和教育本质，达到培养大批创新人才的目的。

E-Learning 倡导开展探究和网络活动学习，不仅重视资源的开发（如快速课件和混合学习的提出），更注重和教学方法的结合。但在实践过程中发现 E-Learning 并未能真正改变教学结构，流程上仍旧是对传统教学和电大授课模式的沿袭和搬家，即导入、主体、测试（作业）和小结。E-Learning 以静态呈现为主要方式，是改变学习环境的一种手段，依旧因循传统教学的资源呈现方式，学习发生的逻辑并未更改，关注的仍以知识和结构的形成为主。

（四）翻转课堂

翻转课堂（Flipped Classroom）自从在美国教育界引起轰动后，迅速成为风靡全球的主题。它的诞生最早可以追溯到 2007 年，美国科罗拉多州的两位高中化学老师乔纳森·伯格曼和亚伦·萨姆斯为解决教学过程中学生经常缺课的难题而尝试的教改试验：知识传递通过教学视频和辅导资料让学生在课前自主完成，知识内化则利用课堂时间在教师的指导和同学的帮助下完成。这样翻转课堂重新建构教与学的流程，打破了传统的线性流程结构。2010 年可汗学院的兴起克服了实施翻转的重要障碍，降低一线教师进入翻转课堂的门槛，将翻转课堂的影响力扩展至全球范围。

所谓"翻转课堂"，是指把"教师白天在教室上课，学生晚上回家做作业"的教学结构翻转过来，构建"学生白天在教室完成知识吸收与掌握的知识内化过程，晚上回家学习新知识"的教学结构。翻转课堂以建构主义和掌握学习理论为指导，以现代教育技术为依托，颠覆了传统的教学结构、教学方法和教学模式，使教学流程由"先教后学"转变为"先学后教"，实现了教学流程的逆序创新。翻转课堂重新分配了课中、课外的时间和教学形式，难度较低的内容适合在课外自主学习，难度较大的内容适合在课中进行群体学习，后者会得到来自教师和同伴更充分的支持，将更有利于培养学习者的高阶思维能力。对比传统教学，翻转课堂的特征表现为三个方面：一是教师的角色从知识传授者变成了学习的促进者和指导者；二是学生从被动接受者变成了协作探究课堂活动的主动参与者；三是课堂时间重新分配，减少教师的讲授时间，留给学生更多的学习活动时间。如此一来，传统教学中学生面临学习重难点时往往师生时空分离的问题得以解决，有利于学生及时更新和替换不良知识，探索对不成熟认知的加工发展、去芜存菁的机制。当前国内外众多学者普遍认为，翻转课堂不仅仅是能增加学生与教师之间的互动以及学生个性化学习时间的一种手段，它更是一种全新的"混合学习方式"——是在以"B-Learning"为标志的教育思想指引下，对课堂教学模式实施重大变革所产生的成果。

（五）混合学习

混合学习是人们在客观冷静地反思 E-Learning 的基础上出现的一种整合面授课堂和在线学习优势的新型学习方式。早期大部分研究是对远程教育领域师生分离状态下混合学习的研究，21 世纪初美国麻省理工学院的开放式课程、中国的精品课程以及近几年兴起的 MOOC、翻转课堂、微课等都在不同程度上推动了混合学习的发展。混合学习强调的是学生的主体地位，不以单一的知识传递为目的，学生可以根据自己的学习风格进行个性化学习并积极与教师和同学进行讨论交流，教师可以根据学生的特点进行差异化教学，实现因材施教，这正是混合学习最显著的优势。

混合学习模式不是将各种教学媒体、教学模式简单混合，而是进行有机整合，通过在最合适的时间、采用最符合学习者个性特征的媒体技术与教学形式，以实现教学目标的最优化。混合学习突破了学习时间和空间的局限，使课程资源得以共享，有助于实现教育公平、促进优质教育的均衡发展。

混合学习是一种新的学习理念，在运用这个理念的过程中，需要清楚什么时候该"混"，什么时候不必要"混"，不能为了追求混合的形式而不考虑应用的情景。假设师生近在咫尺，面对面足以高效交流解决问题，却舍本逐末偏偏要各自面对电脑，进行"虚拟空间谈话"，空有混合学习的形而无其神，并没有真正理解技术的本意在于促进学与教高效发生，尚未切实领悟到混合的实质内涵。

第四章 ▶▶
构建"互联网+"二维四阶教学模式

(一)"互联网+"二维四阶信息化教学模式内涵

　　"互联网+"的核心理念是让传统行业与互联网平台深度融合，而教学是指教师有目的地通过教授文化科学知识和技能指导学生学习，以使其身心获得全面发展的教育活动。"互联网+"二维四阶职业教育教学模式是指"互联网+"条件下通过一体两翼四驱动来建设以学习活动为中心的职业教育教学模式，如图4-1所示。所谓的一体是指互联网搭建的环境，两翼即线上、线下两个维度，四驱动即教、学、查、改四个阶段。在实现云、网、台、端的轻装信息化平台上进行侧重于培养学生核心素养的，以网络学习空间为中心，线上线下的教学准备与自主学习、线上线下的引导学习与合作探究、线上检查分析、线下反思改进与拓展学习四个阶段的教学，构建有效的信息化课堂。

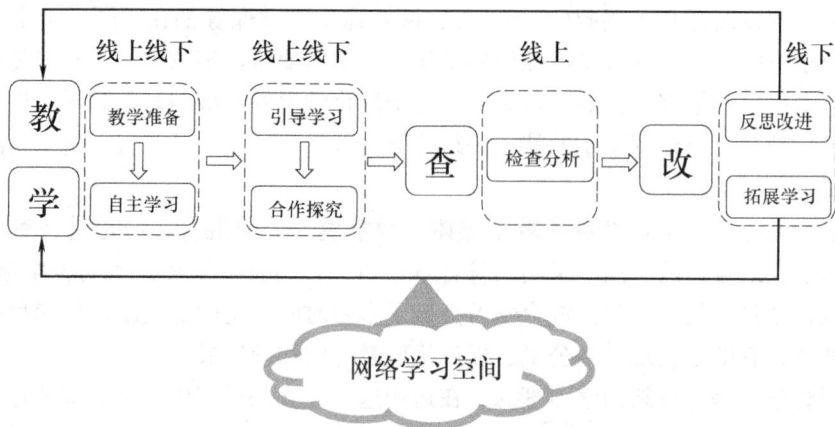

图 4-1

　　通过两个维度、四个阶段开展信息化课堂教学，课前教师在网络学习平台上设计构建好"信息化课程"，发布学习任务，引导学生自习预习，反馈预习效果，教师掌握学生预习情况。课中教师引导学生通过课程进行自主学习，教师在现场和后台关注学生的学习情况，适时介入指导，并引导学生逐步完成课程设定的学习任务，平台记录学生学习和教师教学的完整过程，形成教与学的大数据，经统计分析即时得出学习结果，反馈学生的学、教师的教，指导学生改进学习，指导教师改进教学，课程可以设计为分层学习、分层考试，设计成个性化学习，达到因材施教，获得最佳的教学效果。

"互联网+"二维四阶教学将信息技术与传统教学深度融合，变革整个教学环境。"互联网+"教学与传统的网络教学不同，它并不是简单地将教师的课堂教学复制到网络，以视频的方式进行讲授，而是一种变革的思路，是要以互联网为基础设施和创新要素，创新教学的组织模式、服务模式、评价模式等，进而构建数字时代的新型教学体系（表4-1）。

传统教学模式、网络教学模式与"二维四阶"教学模式对比表　　表4-1

	传统教学		网络教学		"二维四阶"教学	
课前	学生:看教材	效率低无引导	学生:在线学习	缺乏有效的约束力	学生:自主学习	提高效率深度学习
	教师:备课		教师:在线指导		教师:指导答疑	
课中	学生:听	填鸭教学教师主导学生被动	缺乏面对面互动教学缺乏有效的监督管理缺乏因人而异的教学		学生:互动合作探究	以学为主学生主体教师主导
	教师:讲				教师:引导探究	
课后	学生:写作业	知识简单内化	学生:在线练习	缺乏严格的考核机制	学生:拓展学习	知识巩固提升
	教师:批作业		教师:在线考核		教师:总结评价	
评价	作业+考试	侧重总结性评价	在线考试	缺乏形成性评价	学生自评教师评价同伴互评	形成性评价总结性评价

（二）理论基础

1. 混合式教学理论

混合学习是随着网络信息技术的发展而产生的一个新的概念。混合学习首次出现在企业的员工培训中，其主要的目的不是为了让员工的知识和智力得到发展，而仅仅只是企业为了追求更高的商业利益而进行的一种员工培训方式，即把不同生活背景、不同文化程度、不同工种的人群聚集到一起，采用传统培训与在线网络培训相结合的方式，花尽可能少的时间、最小的成本，达到培训的目的，从而获取最高的收益。慢慢地这种培训方式越来越多地出现在公众的视野中时，很多学者就开始思考，如果将这种课堂教学、分组讨论、专题研讨和远程教学相结合的培训方式运用到学校教育中是不是也会产生相应的教学效果。因此，混合学习开始在教育技术领域崭露头角，逐渐发展成为一种新的学习理论。

从字面上理解，混合学习主要指的是线下课堂学习与线上网络学习两种学习方式的结合，"线上、线下"两个维度并驾齐驱，但是这仅仅只是对混合式学习的字面理解，更深层次的内涵体现的是多方面多因素的混合与融合，包括教学媒体、教学模式、教学策略等的优化组合，也包括学习环境、学习理论、学习资源、学习方式等的混合。教学活动是个非常复杂的过程，运用混合式学习理论的核心思想就是把传统课堂学习的优势与网络数字学习的优势结合起来，既要发挥教师引导、启发、监控、帮助教学过程的主导作用，又要充分体现学生的主体地位，发挥其主动性、积极性和创造性的特质。混合学习理论强调教师和学生是学习的共同体，学生既要学会独立的学习，又要学会同其他人协作学习，且在知识构建的过程中不仅需要利用网络等信息化工具进行学习，还要求学习者们要有面对面交流的过程。

混合学习改变了教师的角色定位、教学方式、教学策略等。线上、线下两个维度教学充分考虑了学生的需要，并结合了教学环境的实际情况、教学内容等，以线上、线下教学模式优势互补来增强学生的认知效果。总而言之，混合式学习要综合运用不同的学习理论、不同的技术和手段、不同的教育方式来实施教学。

2. 建构主义学习理论

建构主义的最早提出者为瑞士的皮亚杰（J. Piaget）。他是认知发展领域最有影响的一位心理学家，他创立的关于儿童认知发展的学派被人们称为日内瓦学派。皮亚杰的理论充满唯物辩证法，坚持从内因和外因相互作用的观点来研究儿童的认知发展。他认为，儿童是在与周围环境相互作用的过程中，逐步建构起关于外部世界的知识，从而使自身认知结构得到发展。

建构主义学习理论认为，学习不是教师单方面向学生灌输知识，而是学生在一定的社会文化背景下，通过他人的帮助，利用相关学习资源，主动积极地建构自己知识的过程。学生不是被动的接受者，而是主动的建构者，强调学生的主观能动性。教师在整个过程中充当促进者和主导者的角色。学习者在学习知识的过程中，对外界信息进行主动的选择、加工，并在已有知识的基础上对新信息进行编码，建构自我认知。原有知识因为新知识的加入而不断调整与改变，所以学习并不是简单的信息相加，而是新旧知识的融合。学习过程并不是简单的信息输入、存储、加工、提取，而是新旧知识之间的碰撞与相互作用。

学习是借助某些社会文化的体验而内化有关知识和技能、分享有关学习经验的过程，这一过程需借助一个学习共同体合作完成。学生要主动积极地构建这种合作共同体，学习共同体需要小组中每个成员的积极参与，发挥自己的优势，彼此交流成果，分享学习经验，献出自己的力量，引领团队目标的完成，一起完成构建知识的任务。因此，建构主义者提出了学习是在特定的情形当中形成的具体的社会实践项目。

"互联网＋"二维四阶教学模式非常适合建构主义学习环境，通过建构主义学习理论在二维四阶教学模式中的构建，为这种个性化的教学方式夯实了理论基石，有助于学生信息素养的生成。根据建构主义理论在"互联网＋"二维四阶教学模式中的运用，教师应该充分利用这种新型的教学方式，一方面提供大量的学习资料供中职学生学习，另一方面为中职学生提供定制化学习环境，有助于学生自主学习，鼓励学生主动建构知识，进而帮助学生学习素养的生成。

（三）教学目标

教学目标是教育目的和培养目标在教学活动中的进一步具体化，教学目标的确定，必须反映教育目的的基本要求，继而将教育目的从观念设想转化为行动追求。教学目标的制定需要遵从一定的教学目的和培养目标的指导，依据学习者兴趣与教学情境而设定，在一定程度上能够体现学科的整体方向以及活动开展的整体方向。

在正确、适合的教学目标的指引下，教学的有效性将会提升；而在空洞、不切实际的教学目标的指导下，教学将会处于低效甚至无效的境地。"互联网＋"二维四阶教学的目标基于时代背景的特点，旨在培养学习者信息素养、信息加工能力、合作能力等综合素养，满足 21 世纪社会对于综合性人才的需求。"互联网＋"二维四阶教学要根据学科的课程特点、课程结构，在分析课程和学习者特点的基础上，确定单元或课时的教学目标，同时通过恰当的方式使学习者明晰教学目标，明晰教学活动发生之后的应然状态，教学目标的确定应具体化、清晰化、可执行化。

（四）操作程序

操作程序指教学活动的各个流程以及不同阶段的具体做法，任何教学模式都会有相对固定的操作程序，但不是绝对的固化，具体体现在教学过程中的教学内容的组织与引导、教学手段及方法的混合应用、教学情感价值的传递引导等。

"互联网＋"二维四阶教学的操作程序集中于四部分：搭建基于互联网的学习环境，设计制作形式多种的网络教学资源；通过提高学生的信息素养来转变学习方式，构建学生主动学习能力；提升教师信息素养，以适应"互联网＋"教学下角色转换的需要；"教、学、查、改"四个阶段，线上、线下两个维度的课堂教学组织形式，即教师课前组织教学材料——分发任务，学习者课前完成任务——提出问题，学生课中检查测试——反馈问题——小组互动——教师讲解重难点问题——问题解决——布置作业，课后学习者迁移学习——强化盲点——知识梳理——作业（作品）展示，教师教学反思——改进提高。

可初步将"互联网+"二维四阶教学定义为：于互联网搭建的环境中，在学生主动参与的前提下，教师有目地地通过教授文化科学知识和技能指导学生学习，并借助互联网的大数据、云计算等技术优势促进学习者身心全面发展的教育活动。

（五）实现条件

1. 提升教师信息素养

"互联网+"时代教师信息素养是教育信息化对教师提出的一种新的素质要求，是实现"互联网+"二维四阶信息化课堂教学的核心因素。信息素养主要包括信息意识和态度、信息知识和能力、信息伦理道德三个层面。

（1）具有信息意识和态度是教师实施"互联网+"二维四阶教学模式的起点

信息意识和态度，是对信息的认识、观念和需求，是认识层面的问题，是在遇到问题时能够有意识地通过各种方法获取信息，从中找到解决问题的方法，发现信息的价值。教师信息意识与态度是教师信息素养的认知层面，是教师在信息化环境中对各种教育教学信息资源、活动的认知、能动反映的过程。它包括对教育信息资源的捕捉、搜寻、获取、评价、判断、整合、利用以及对外界信息环境变化的能动反映。

1）教师要以积极态度适应"互联网+"时代职业院校教师的角色转变。

"互联网+"时代，随着职业院校学生学习基础、学习场域和学习方式以及人才能力需求的变化，整个社会对教师的角色定位也有着新的期望和要求。"互联网+"带来的最大冲击就是它颠覆了教师在教育中的传统功能、权威地位和知识霸权，打破了师生相处的模式，教师角色不再是单纯的讲授者、指导者和知识传递者，其角色身份开始变得更加多元，角色内涵更加丰富。

① 教师由课堂的主宰者变为学生自主学习的引导者和促进者。前互联网时代，在学习化的社会中，学生获得知识的渠道单一，教师是课堂的主宰者。教师通过知识经验输出的方式发挥着知识的传递功能，学习者的学习内容、学习进度、学习方式均由教师掌控，学生整体处于被动接受的状态。但"互联网+教育"的发展冲击了教师的权威，由于教育环境和资源充分敞开，知识获取的渠道和来源多元而开放，教师不再掌握知识的话语霸权。现代信息技术打破了教育的时空界限，使学生自主学习成为可能，学生可以独立地超越时空局限，利用教学

资源，按自己的步骤、节奏掌控学习内容和学习方式，实现自主学习，让学习由"集体套餐"变成"个人自助餐"，真正确立学习者的主体地位。学习者自己掌控学习，教师充当学生的指导者、引路者和帮助者，引导和促进学生自主学习，这成为新时代教师的角色期望。

② 师生关系由指导和被指导转向合作者。信息时代，获取知识的渠道变得平等而开放，教师不再是权威和知识的化身，与学生同是以学习者的身份存在。"互联网+"时代的学习本质上是主体间的精神对话与建构活动，它使知识传递者与学习者之间、学习者之间、学习者与网络环境之间能够形成多维度的互动，在交互中实现主体完善。美国教育传播与技术协会前主席 Michael Spector 说："在现在的学习和混合式教学中，我们更加关注学生的情况，教师这一角色很容易被忽略。提供一个以学习为中心的环境，这个学习包括老师、学生以及所有工作人员，这才是我们所追求的。"在传统教学中，师生间的关系是指导与被指导、管理与被管理的关系，网络社交媒体和其他媒体的迅捷性，使得师生交流得以超越时空界限，实现双向平等的全方位互动，而这种交互性正是保证学习效果的关键因素。教师和学生通过互联网淡化了学习者和施教者之间的界限，共同探究和发现知识，在"教学相长"中实现协作学习与共同成长。

③ 教师由言传身教者转变为学习过程的设计者。互联网及信息技术的发展使课程设计的优化与完善更为便利。美国教育学者 Robert Branch 认为，"信息化的教学设计模型能够促进信息的传播和知识的交流，有助于开发出积极主动、富有启发性、情景化的学习方式，为我们提供了分析、收集、组织、存储和检索数据的技术方案，为复杂学习的设计与实施提供支持。"若让学习者更积极主动参与学习，需要教师进行完整的教学活动设计。教师要变身"设计师"，从固有的"言传身教"者转变为教学活动的设计者和变革者，在信息技术条件下找到课程有效实施的新模式和新方法。教师需要通过大数据分析系统对学生学习需求、学习兴趣和学习水平进行科学的统计和分析，设计和优化教学过程，使学生更积极地参与相关的教学活动。

④ 教师由单纯的被动学习者变为非正规教育的终身学习者。"互联网+"时代，行业发展变化巨大，知识总量不断增加，知识"更新周期"越来越短，教师原有的知识和技能难以满足急剧变化的社会和教育需要，自身也面临发展和竞争的巨大压力，因此，终身学习成为教师不断发展和完善自我的必然选择。现在是信息时代，网络上有太多信息需要不断挖掘，但你永远也不能达到信息的底层。对于教师来讲，任何时候都不能放弃学习。如果教师在自我专业发展和学习中出现断裂、阻隔或停滞，其后果必然是教学生命力的衰弱和丧失，也无法回应新时代对人才培养的要求。通过互联网，可以实现海量知识的即时共享，信息内容的远程传输和资源共享，这些都为教师的继续教育和自主

学习提供了现实基础。

2）教师要转变思维模式，建立互联网思维。

"互联网＋"时代所呈现的自由、开放、共享、共赢理念，必然影响着教师对教育世界的认知、体验和反应。"互联网＋"不仅意味着教育理念和技术的更新，更意味着一种思维的转变，即互联网思维，它包含着丰富的思维内涵，并将对教师的信息管理、课程设计、教学管理、教学场域和主体建构产生深远影响，职业学校教师必须转变思维模式，才能回应时代要求。

① 以信息筛选的批判性思维来整合建构知识体系。在"互联网＋"时代，信息巨量且内容庞杂、更新变化频繁且质量良莠不齐，面对知识信息的碎片化，教师需要以一定批判性思维来代替海绵式思维，根据自身专业发展需要，按照自我逻辑进行理智的选择、重新加工、提炼处理信息，既要关注本专业领域的信息，也要关注联系不密切领域的信息，通过零存整取来提升知识储备，通过去粗取精提升知识质量，最终形成自己的知识话语体系、教育教学理念和思想价值判断。

② 以专业课程的跨界思维来促进思想创新和教育优化。跨界思维代表着创新与整合，互联网时代教师的跨界思维有三层内涵：一是以跨界思维审视和解决问题。信息获取渠道多样，网络、各种移动终端、各种社交软件、各类在线教育、公开课等，促使教师个体必须与互联网思维融为一体，拥有开放、多元、蜘蛛网式的跨界思维方式。二是现代产业革命、行业发展的复杂性要求教师以跨越自身学科、专业、行业界限的知识及思维局限，以无边界的思维、多视角、多层面地审视和解决问题，用大视野、超视距的眼光提出事物未来发展方向。三是以跨界思维指导具体教学活动。跨界思维使教师课堂教学设计更具创意，以及从更高、更广泛的角度看待学科教学、看待一堂课的设计，及看到自己课堂设计中的细节问题。

③ 以教学管理的大数据思维来科学改善教学行为。英国学者迈尔·舍恩伯格提出了基于大数据分析来优化教学的"双回路"学习（Double-loop Learning）概念。他认为前互联网时代的教育属于"发现问题—解决问题"的单回路学习（Single-loop Learning），而在互联网时代，双回路学习成为可能，这可以解决与学生沟通单向性和滞后性的问题。"互联网＋"时代的教育要从数据中认识学生，它不同于以往简单的平均分、优秀率等数据统计，而是利用信息技术进行大数据挖掘来关注学生个体的微观表现，如课堂提问的知识点、难点和问题以及课程交流次数等。基于互联网的课程开发软件将课堂联网，学习者可以随时通过网络发表疑问和感想，同步显示在课件上。据此，教师可及时调整课程，对数据进行统计和挖掘，从而对课堂难点和学生特点进行精确的分析评价，解决了以纸笔统计学生学习数据所存在的滞后性和准确率不高的问题。通过大数据，不但可以揭示

出学生最佳的学习策略，也便于帮助教师掌握学情，设计更行之有效的学习策略，促进教学管理的科学化和精细化。

④ 以教学场域的平台化思维来构建学习生态，实现多方共赢。在"互联网+"时代，传统的学习平台和场域已经难以满足要求。教师作为协作学习的组织者和参与者，构建一个多方参与学习的共赢生态圈是其重要任务。打造良好的学习环境和学习场域，有利于推动学生更好地自主学习和成长，推动学员与学员之间、小组与小组之间甚至班级和班级之间的各种连接，触动的连接越多，连接就会越深入。教师将通过互联网构建教学云平台，实施线上线下一体化教学；通过开办网络 bbs、QQ 群、微信朋友圈进行专业及课程交流；通过链接各种专业学术网站、行业网站获取前沿动态，把握未来发展趋势；通过创造多元化的网络学习平台，开展参与式、协作式、讨论式以及探究式学习，教师和学生在这样的生态圈和共同体中相互促进，实现同步增值。

⑤ 以自我发展的主体性思维来彰显主体价值。主体性思维是把个体成长阐释成历史性的、超越性的和生成性的过程。在信息泛化、教育资源极大丰富和文化多元背景下，教师更需要在专业发展上具有主体意识和能力，更需要以鲜明的主体立场来引导和规约自我的实践，逐渐朝向主体完善。在"互联网+"时代，资源共享容易导致教师教学活动的趋同化，数以万计的教学资源（教学设计、课件、视频等材料）脱离特定场域实现共享，被教师反复加以利用和借鉴，容易引发教师独特个性的丧失和同质化危机。齐白石说"学我者生，似我者死"。"互联网+"时代，人云亦云的教师不再受欢迎，教师的生存方式将从依附性生存向自主化生存、同质化生存向个体化生存转变。教师必须具有创新思维品质，独立的价值判断、强烈的人格魅力和真实的情感态度，才能真正确立自我的主体地位，彰显主体价值，避免在互联网时代遭遇同质化危机。

（2）具有信息知识和能力是教师实施"互联网+"二维四阶教学模式的基石

信息知识和能力包括信息基础理论知识、信息技术知识、信息运用与创建的知识、获取信息的能力、处理信息的能力、表达信息的能力和交流信息的能力等。"互联网+"时代，要求职业教师必须提高信息知识和能力，以适应新的培养方法和新的教学模式。

1）"互联网+"背景下学情的改变，要求教师培养方法要改变。随着社会的不断发展，职业学校教师的基本专业内容并未发生本质变化，其所面对的培养对象却发生了变化。现在的学生正处于互联网深刻变革的时代，他们很早就接触和使用电脑、手机等数字化产品，可以说是数字化时代里生活的"数字土著"。丰富的信息共享以及快捷的检索方式有利于"专题探究式学习"，实现基于个人兴趣的"精准学习"，教师课堂所呈现的知识，学生很可能通过互联网的信息搜索就能掌握。职业教育的培养对象发生了改变，教师的培养方法也需要进行调整。

2)"互联网+"背景下学生的学习场域和学习方式的改变，要求教师教学模式要改变。"互联网+"时代突破了学习的时空界限，学生的学习场域和学习方式都发生了改变。教学环境从以往纯粹的现实场景演变成了现实与虚拟相互交错进行，传统的线下课堂学习场域也转变为线上、线下一体化的学习场域。移动式学习、泛在学习、非系统以及碎片式学习成为互联网时代重要的学习方式。其超文本阅读及非线性学习方式和过程，生动感性的表述方式，更加符合人的思维特征、基本兴趣和接受习惯，最大限度地满足个性化学习的要求，其较之书本抽象化、系统化、封闭式的知识话语体系使人更容易接受；同时，虚拟的学习与交往社区、无边界的多维交互（QQ、博客、微博、微信等）使参与者共同构建新的学习共同体，为每个学习个体提供发展和表达的机会，真正实现基于个人兴趣和需求的学习革命；越来越多的互联网技术产品进入课堂，让教学活动的组织形式更加丰富，空间上选择性更强，学生的学习方式更加灵活。学习方式和学习场域的变化迫使教师在教学模式上进行相应的变革和调整。

（3）具有信息道德伦理是教师实施"互联网+"二维四阶教学模式的保障

信息道德伦理包括自觉维护信息安全、自觉遵守信息法律道德，是个体在获取、评价、加工创造、利用和传播信息的过程中必须遵守的一定的伦理规范。教师在个人成果中展示引用信息来源，应自觉遵守知识产权相关法律；注重自己及他人个人隐私安全，不在安全性未知的网站泄露个人信息；自觉遵守《网络安全管理条例》和《网络安全等级保护条例》，提高维护网络信息安全自觉性。

2. 提升学生信息素养水平

信息素养（Information Literacy）更确切的名称应该是信息文化（Information Literacy），它是一种对信息社会适应的基本能力。"互联网+"时代，要实现"互联网+"二维四阶信息化课堂教学模式的目标，需要中职学生成为一个有信息素养的人，能够确定何时需要信息，并已具有检索、评价和有效使用所需信息的能力；不断提升从各种不同信息源（图书馆、互联网等）获取、评估和使用信息的能力水准。信息素养包含信息意识、信息知识、信息能力、信息道德等方面。其中信息意识是前提，信息知识是基础，信息能力是保证，信息道德是准则。

（1）学生信息意识是实施二维四阶教学模式的前提

"互联网+"教学模式下，要实现教师的教学内容顺畅落地，有赖于学生学习方式的有效转变，实现教学相长。学生则要适应"互联网+"时代所带来的角色变化，要改变思维模式，获取知识的敏锐性、自觉性。在信息瞬息万变、铺天盖地的"互联网+"时代，学习者获得知识的速度严重滞后，针对性也不强，学习效果不佳。特别是针对学习兴趣不浓、知识基础不牢、自控能力较弱的中职学校学生而言，更是如此。"互联网+"带来的最大冲击就是它颠覆了学生在学习中的无知和懵懂，打破了学生对老师依赖的模式，学生不再是单纯的接收者，而是手握多元选择的主宰者，角色内涵更加丰富。要积极激发学生的潜在意识，积极引导学生改变传统的学习方式，体验新型学习平台带来的乐趣和获得感，增强自信心，提高自觉学习的自律性。

（2）学生信息知识是实施二维四阶教学模式的基础

信息知识，是信息素养的基础，是有关信息的特点与类型、信息交流和传播的基本规律与方式、信息的功用及效应、信息检索等方面的知识。"互联网+"时代，学习和夯实信息知识不但可以使人的知识结构改变，而且能够激活原有的学科专业知识，使文化知识和专业知识发挥更大的作用。

（3）信息能力是实施二维四阶教学模式的保证

信息能力，是信息素养的保证，是信息素养最重要的一个方面。它包括人获取、处理、交流、应用、创造信息的能力等。信息能力教育，是要培养和训练人们熟练应用信息技术，在大量无序的信息中辨别出自己所需的信息，并能根据所掌握的信息知识、信息技能和信息检索工具，迅速有效地获取、利用信息，并创造出新信息的能力。

（4）信息道德是实施二维四阶教学模式准则

良好的信息道德，是指在组织和利用信息时，要树立正确的法制观念，增强信息安全意识，提高对信息的判断和评价能力，准确合理地使用信息资源。浩瀚无限的网络信息，颠覆了学生学习、生活的方式，学生作为互联网的主要使用者，必须具备良好的网络信息素养，才能在"互联网+"时代游刃有余地利用互联网学习。

现代信息技术的发展极大推动了社会的变革与发展，也必然会带来消极和负面的影响。当刷微博、晒行程成为一种时尚时，也许我们尚没意识到自己的隐私一点点地被戏弄，在成为透明人的同时使得不法分子有了可乘之机，因此我们应当有效地保护自己的信息安全。学生在日常使用网络以及通信平台的过程中，需要对自己的信息进行有效保护，比如不随便向陌生人透露自己的信息，不许用网站提供的自动保存用户名和密码的功能，对自己的信息进行加密处理等。学生只有在日常学习生活和工作中，提高对自己的信息进行保护的意识，才能防止在使用网络和通信平台的过程中出现信息泄露的问题。

3. 网络学习空间

网络学习空间是融资源、服务、数据为一体，支持共享、交互、创新的实名制网络学习场所。其内涵包括：空间建设与应用的根本目标是引领教育服务模式创新，促进教育体制机制变革，推动教育信息化升级转型，适应教育现代化发展要求。空间建设与应用的基本任务是提供教育应用服务，引入行业、机构等社会资源，支持教育教学模式创新，促进教育公平，提高教育教学质量。空间建设与应用的重要内容是聚合学习过程和教育管理数据，开展学情分析和学习诊断，精准评估教学效果，提供个性化学习服务，支持精细化管理和科学决策，推动人工智能在教学、管理中的应用。空间的核心属性是共享、交互、共创，基本特征是个性化、开放性、联通性和适应性。空间的基本构成包括个人空间、机构空间、集成的公共应用服务和数据分析服务等。空间建设与应用的基础是无障碍获取空间服务的网络和终端接入条件。

网络学习空间是"二维四阶"信息化课堂教学模式的重要组成部分，主要包括信息化教学硬件（网络环境、存储环境、网络教室）、软件（教学平台、管理环境、安全保障、教学资源、信息化人文环境、信息化队伍等）。通过实名制网络学习空间的建设，建成学校教学系部的共享学习平台，每位师生拥有实名制课程空间，人人可享有优质数字教育资源的信息化学习环境，实名制的网络学习空间可满足师生随时随地泛在化学习的需求，将技术与教学实践融合落实到每个教师与学生的日常教学活动与学习活动中，形成网络环境下自主学习、互助学习的教育新模式，促进教与学、教与教、学与学的全面互动，实现教学方式与学习方式的深刻变革。

第五章 ▶▶

"互联网+"二维四阶教学模式的
实施策略研究

（一）教师信息化能力培养策略

要适应"互联网+"时代要求，培养和提高职业学校教师的信息化教学能力，需要教育主管部门、学校、教师等各个层面共同参与，需要在教师信息化教学能力发展的阶段进行针对性的培养培训，通过多种途径促进教师信息化教学能力的发展。本书设计了"三个层面、三个阶段、四种途径"的"互联网+"下职业学校教师信息化教学能力培养方案。

1. 三个层面

（1）政府层面——引导与保障

1）政策引导与保障。各级政府及教育主管部门要出台相应的教师信息化教学能力发展政策，营造政府倡导、全员参与的社会氛围；动态调整教师信息技术能力标准，对教师信息化教学能力要求进行规范和考核；制定学校信息化建设的任务书与时间表，明确责任分工，建立保障机制；建立教师信息化教学能力培训的硬性制度，促进教师发展。

2）建立公共平台。大力建设基础网络设施，保证教育信息化的基础支撑能力；建立广泛的信息化教学技术交流服务平台，为教师提供经验交流、共同学习、相互促进的网络公共空间。

3）建立培训机制。根据教师信息化教学能力发展阶段开发和更新相应的培训课程，保证不同级别的技术标准都有相应的培训课程支撑，以便对教师进行差别性分级培训。

（2）学校层面——支持与激励

1）信息化环境建设支撑教师信息化教学

职业学校信息化环境建设是提升职业学校教师信息化教学能力的重要基础。建设数字化校园，成立信息化教学技术服务机构，构建集课程开发、教学实施、教学管理、师生交流于一体的校内网络学习空间，促进经验分享，实现教师自我学习和自我发展，促进教师教育理念和教学模式的变革；将教师的信息化课程资源放在平台上供学生学习，帮助教师打造网络学习空间，推动教学资源共享，推动教学方式的改革。

2）制度建设保障教师信息化教学的推进

学校要加强信息化教学工作的组织领导，建立经费投入保障机制，确保信息化教学的推进。建立激励制度、考核评价制度，引导教师开展信息化教学的学习和实施。对教师信息化教学能力进行考评，并将考评结果运用于工资晋级、职称评定、评优评先等，激励广大教师迅速提升信息化教学能力。

建立培养培训制度。学校通过采用多层次、多角度的信息化教学能力培训方式，以及设立与信息化教学能力有关的竞赛、课程建设课题、科研课题等，为教师信息化教学能力发展提供完整的途径。培养、培训要向核心参与人群倾斜，保护核心参与人群的积极性与创造性，充分发挥其带头作用，从而提升学校信息化教学整体水平。

（3）教师个人层面——自主与实践

1）教师要树立信息化教学理念，提高自我发展意识。教师要意识到信息化教学能力是"互联网+"时代教师专业能力的重要内涵，要促进自身的专业发展，信息化教学能力的提升是不可或缺的部分。只有教师产生了自主发展、自我提升的内在动力，乐于信息化教学，才能最大限度地提升教师信息化教学能力，促进教师专业能力的可持续发展。

2）在不断实践中实现信息化教学能力的提升。教师信息化教学能力是建立在教师信息化实践基础之上的，需要教师自觉地进行信息化教学能力的学习和实践，在不断地学习、模仿、迁移应用、动态体验中获得直接经验，实现从"被动参与"到"主动创新"的转变，最终获得自身信息化教学能力的提升。

2. 三个阶段

《中小学教师信息技术应用能力标准（试行）》和《中小学教师信息技术应用能力测评指南》从"应用信息技术优化课堂教学""应用信息技术转变学习方式"和"应用信息技术支持教师专业发展"三个维度规范了中小学教师在教育教学中有效应用信息技术的准则。《中小学教师信息技术应用能力培训课程标准（试行）》里将培训信息技术应用能力课程的目标分为"应用信息技术优化课堂教学""应用信息技术转变学习方式"和"应用信息技术辅助教师专业发展"三个部分。

因此，我们将培养目标设定为三个阶段，即第一阶段（初级）：培养教师应用信息技术优化课堂教学的能力；第二阶段（中级）：培养教师应用信息技术转变学习方式的能力；第三阶段（高级）：培养教师应用信息技术支持个人专业发展、为学生创建学习型社区的能力。

这三个阶段的能力是循序渐进的，每一位教师的信息化能力是动态发展的。因此，要根据教师信息化教学能力所处阶段进行针对性的培养，以提高培养的有效性。

（1）初级阶段

此阶段教师专注于如何运用信息化手段向学生传授专业知识，完成教学任务，更好地达成教学目标，即"优化课堂教学"阶段。这一阶段的培养目标主要是使教师建立信息化教学意识、掌握信息技术和装备在教学中应用的基本方法，能获取、选择、应用优质教学资源。

（2）中级阶段

此阶段教师关注如何利用信息化对课堂进行整合，即"转变学习方式"阶段。此阶段的培养目标是使教师掌握较复杂的工具、软件，熟悉在信息化环境下教学设计的方法与步骤，会设计各种课程实施方案，实现对学生学习效果的评价并提供优质、互动、可以满足虚拟仿真操练的学习资源，选择最恰当的教学方法以适应不同专业的教学需要，并以此取得更好的教学效果。

（3）高级阶段

此阶段为"知识创新"阶段，此阶段教师信息化能力的培养目标是教师能够在信息技术的支持下构建以学生为中心的学习环境，示范学习过程，支持学生的研究性学习，实现信息化课堂教学模式，将课堂精心地组织为学习型社团，让学生在其中持续关注，增强自身和他人的学习技能。教师具备信息化环境下的学习能力，并有能力通过网络进行自主学习、知识更新，能够通过网络获取政策资讯、资源信息和具有示范性、引领性教学、科研案例，实现自我学习、自我发展。

3. 四种途径

采用四种途径全方位开展教师信息化教学能力培养。

（1）专题培训

遵循循序渐进的原则，开展专题培训，采用内训与外训相结合的形式，紧扣各阶段培养目标，开发、完善培训课程，提升教师信息化教学能力。

（2）以赛促学

组织校级信息化教学大赛，鼓励和指导教师参加省级、国家级信息化大赛，"以赛促学，以赛促教"，使教师在比赛中提升信息化教学能力。

（3）团队研讨

首先以教学团队为单位成立教学团队研讨小组，各小组建立各自交流平台，及时分享信息，互助互学，定期开展研讨专题会议，从专业出发，构建各专业信息化教学思路框架；然后从教学团队研讨小组选拔骨干成员组成信息化教学研讨小组，提升教师信息化协作能力，培养信息化教学内训师；在学校建立信息化教学网络互助社区，使教师能在网络社区上开展交流，获取政策资讯、资源信息和具有示范性、引领性的教学科研案例，改进教学方法，提高管理复杂课题、参与专业学习社区的交流能力。

（4）课题引领

学校设立校级的信息化教改和科研课题，鼓励教师参与上级的信息化教改和科研课题，以课题为依托，在课题实施过程中促进教师信息化教学能力提升。

（二）学生学习方式干预策略

为适应"互联网＋"二维四阶教学模式下信息化课堂的需要，需要学生提升信息素养。而在网络的巨大诱惑面前，学生中真正使用移动设备来自觉学习的比较少，大部分还是使用移动设备来娱乐和聊天，这是实施"信息化课堂"的痛点之一。课题组认为，应对学生学习方式进行有效干预，方可确保"互联网＋"二维四阶教学模式达到预期效果。

课题组从两个年级新生入学的第一个学期作为研究对象和阶段，面对"互联网＋"带给学生的正负双重影响，采用行动分析、社会网络分析等方法，依托腾讯云课堂和 Moodle 平台对中职学生在线学习方式进行研究。通过对学生学习活动数据的分析，揭示了在线学习活动的一些特点和规律，探索"互联网＋"下有效革新中职生学习方式的法则。

1. 指导阶段

"良好的开始是成功的一半"，推进"互联网＋"教育教学模式下"信息化课堂"改革，要从新生入学后的第一学期抓起抓好。在新生从初中应试教育进入到职业教育的初始阶段，要着重抓好学生的信息素养和学习方式的摸底调研、操作训练和意识转变，将"互联网＋"学习的法则写入《新生必读》和新生发展规划书中，并着手编制"互联网＋"学习的简介手册，让学生们在入学伊始就对"互联网＋"学习形成正确的认识和了解。针对初来乍到、游戏成瘾、学习无劲的学生，主要采用三个途径：一是由班主任、任课老师对其进行信息素养宣传教育和学习方式转变的引导，树立"信息化课堂"意识；二是邀请信息化建设专业公司的人员对"互联网＋"学习的优势和愿景进行展示与描画，吸引学生积极主动去提升自己的信息素养，逐步形成"信息化课堂"的互联网思维；三是进行实操训练，依托课程安排，在机房、手机课堂和社团活动课进行尝试和练习，让学生在此阶段形成比较好的信息化学习习惯，培养学习能力。

2. 两方面的干预

众所周知，互联网是把"双刃剑"，在推动"信息化课堂"教学模式快速高效展开的同时，也带来了当前中职学校生无法割舍的网瘾等负面的东西。面对互联网对学生学习的双重影响，以及"互联网＋"学习存在的许多需要解决的问题，学校都需要进行有效的干预，以帮助学生更好地进行"互联网＋"学习，提高学习效率和学习效果。这种干预既包括对正面影响的利用与引导，也包括对负面影响的规避和控制。在干预主体上，既包括学校层面的干预，也包括学生自身的自我调控。当然从现阶段来看，对负面影响的干预显得尤其迫切。

（1）学校的政策干预

职业院校为学生提供便利的移动网络的同时，也为学生沉迷网络创造了条件，由于移动设备上网的隐秘性，教师以及管理人员很难有针对性地去监控每一个人的行为。学校缺乏有效的网络监控制度或监控制度的失效被认为是导致相关问题的重要原因。例如，学校需制定相关规章制度，从管理层面上，制止学生课堂触屏行为，为教师以及教学管理人员对触屏行为管理提供制度依据。此外，智能手机、平板电脑等移动设备在职业院校学生中广泛应用，而作为学校教育和管理方，缺乏引导学生正确使用互联网的教育，比如极少有职业院校开设了网络素养教育相关课程，以课堂渠道提升学生网络信息识别能力。所有这些都需要学校结合自身的条件进行多样化的改革与探索。以下提出几条具体的建议：

1）加强"互联网＋"学习的宣传

如今，人们的移动网络学习随处可见，移动设备成为人们了解各个领域最新资讯的平台。人们的学习方式和学习理念都随之发生了改变。自主化学习、终身化学习、泛在学习等成为适应社会发展的必然趋势。因此，学校领导和教学、管理部门，应从宏观角度加强对"互联网＋"学习发展形势的认识和把握，从深化和发展学生信息化素质教育的角度，给"互联网＋"学习定好位，并研究和制定可行的推广方案，有计划、有步骤地推进"互联网＋"学习在职业教育中的发展。

首先，加强对校长的"互联网＋"学习宣传，校长是学校的领导者，承担着引领学校教育改革发展、全面实施素质教育的历史重任，在"互联网＋"学习的推广和应用中起到至关重要的作用。其次，加强对教师的宣传，"互联网＋"学习与传统教学不同，教师的教学方式、教学心理等都将发生改变，对此教师应早做准备。最后，制定"互联网＋"学习宣传方案，培训学生运用多媒体一体机等技术，让学生对"互联网＋"学习形成正确的认识。

2）培养和提升学生的网络信息素养和信息的辨识能力

浩瀚无限的网络信息，颠覆了职业院校学生学习、生活的方式，学生作为互联网的主要使用者，必须具备良好的网络信息素养，才能在"互联网＋"时代游刃有余地利用互联网辅助学习。同时，为抵制学生免受不良网络信息的负面影响，职业院校作为教育职能部门，需从以下三个方面提高学生信息素养：

一是加强信息检索培训。身处"互联网＋"时代的职校学生应掌握一定的信息检索技能，以提高网络信息的收集、判断和应用能力。职业院校在新生入学的第一学期，做好新生信息素养培训计划，可通过召开信息检索主题班会、讲座等，将有利于培养学生有效信息的检索能力，借助搜索引擎接入移动互联网，随时随地检索的方式，为知识经验的积累打开网络视窗，并懂得充分利用有效的网络信息为自己的生活、学习服务；甚至可以将此项任务列入新生发展规划书中。

二是提高网络信息分析评价能力。对网络信息进行分析评价是职业院校学生顺应现代社会发展所必备的一项重要能力。信息分析评价主要是指对所掌握的信息整合、预测，评估其准确性、权威性、实效性。职业院校学生在正确的指引下，能有效整合数字资源，对其进行筛选、转化再创造，为社会实践活动提供参考依据。只有当职业院校学生拥有正确的信息分析评价能力，才不至于在网络世界中出现认知偏差、迷失自我的现象。

三是提高学生驾驭网络信息的能力。职业院校学生应注意在实践中自我调控网络信息失范行为，转换将移动设备作为休闲娱乐工具的错位观念。为此，对教师的信息素养也提出了要求，制作出来的课程要有吸引力和实用性，任务适中，进度紧凑。另外，要求教师在课中树立威信，落实德育目标，实现学生即使是使用手机学习，也不会在学习过程中分神切屏，而是应借助"互联网＋"学习平台传递教育资源，提高将知识转换为智慧与发展的能力。作为学校方面，需正确引导学生充分利用校园网图书馆数字资源，以及远程优质的教学资源，拓宽吸纳知识的渠道，增强学生自主学习、解决实际问题的能力，为未来职业铺设可持续发展的道路。

3）利用互联网资源进行有效的教学创新

职业院校学生在课堂上频繁地使用手机等移动设备，一定程度上对教学质量与学习效果造成了不良影响。作为教育主导的教师怎样让学生"抬起头来，回归课堂"，还需进一步探究。有一些职业院校已经采取措施规范学生课堂上的手机使用行为，这似乎是一种简单可行的应对方式，但这须以学生积极响应并做出承诺为前提的，倘若学生无法做出承诺则需要探寻其他可能的应对方式，那么管理手机课堂就会成为职业院校教师所面临的一个现实课题。"互联网＋"时代，网上的数字资源日益丰富，为职业院校教学模式的改革创造了条件，也对传统课堂教学模式提出了挑战。

为化解触屏时代的课堂危机，在当前"互联网＋"技术日益发达与普及的形势下，职业教育工作者应积极探索将课内的面对面教学与课外的在线学习有机结合的方式，筑牢"信息化课堂"的主地位，让在线教育与在线学习成为学校教育的帮手。课题组制定了《广西城市建设学校学生"互联网＋"学习方式实施管理（规定）方案》，约束学生在课堂中按指令使用手机。未来的课堂教学，学生可以凭借在线课程等方式在课外学习教学视频，将知识学习任务移到课堂之外，进行个别化、碎片式学习。而在课堂集中的时候，师生则通过"信息化课堂教学"分享、交流，以深化、巩固知识。比如设置无操作自动播放时限、过关升级分值等，让课堂的中心任务不再是单向控制型的知识讲授，而是一个师生探究和研讨、交流与互动的过程，在这一过程中，学生成为主动的学习者和课堂真正主人，而教师成为一个交往合作的对象。

4）通过校园文化活动调节学生的"互联网＋"学习

职业院校学生对互联网的过度依赖暴露了当前职业院校校园文化的缺位，学校如何引导学生回归课堂与现实生活已刻不容缓。引导职业院校学生正确处理闲暇生活与学习的关系，学校可将"互联网＋"纳入创建新颖、鲜活，具有丰富内涵的一系列校园文化活动中，营造具有时代特征、独特魅力的校园文化氛围，陶冶学生情操、充实课外生活。可结合学生专业特点，开展一些时尚的、学生喜闻乐见的校园文化活动，比如"手机摄影展""手机微电影制作""手机彩铃制作""微信公众平台设计""微信营销推广"等具有专业特色的手机媒体文化活动，并开展线上评分评级活动，实现以"互联网＋"为途径的活动育人功能，推进校园文化活动建设。

同时，职业院校应发挥"心理健康咨询与辅导"的作用，对沉溺于网络的学生开展心理辅导咨询服务，及时对其进行心理危机干预，正确引导其走出虚拟的网络世界，提高区分现实生活与虚拟世界的能力。学生必须意识到适当地在网络中遨游，能有效释放身心压力，但应清楚网络世界不是避风港，在虚拟的世界中愿望不可能成为现实。心理健康教师、辅导员等教育主体应利用职业院校学生经常使用的微信、QQ 等自媒体，加强对学生的理想信念教育，并发布有益于学生形成互联网良好行为的内容，从而对其思想与行为做出调整，引导学生形成健康向上的生活态度，最终内化其良好的网络行为。

（2）引导学生的自我调控

"互联网＋"下学生学习行为的失范在很大程度上归因于学生自身。众所周知，职业院校学生正处于世界观、人生观、价值观形成的关键时期，是非辨别能力较差，抗干扰能力不强，在虚拟网络世界中缺乏自我控制能力。鉴于这些原因，"互联网＋"对学生学习行为的影响需要学生自身进行必要的自我干预。以下提出几条具体的建议：

1）"互联网＋"职校学生学习观念的优化

一是改变传统学习理念。调查中发现，很多中职学生没有自主学习的观念，认为完成了老师布置的作业就可以不再学习。很多学生尤其是男生，都选择在空闲时间玩网络游戏。要解决这些问题，从根源上来说，中职学生必须树立自主学习的观念，必须改变传统的学习理念。改变老师在讲台上讲，学生在讲台下听，最后以考试合格为目的的学习方式。要树立自主学习的理念，学生需要从不同的角度组织信息的片段，来形成自己的理解和认知，只有这样，知识才是自己的，而不是老师的。

二是"寻找"学习的驱动力。调查中发现，不少中职学生对学习很迷茫，不知道自己在空闲时间该学习什么。作为互联网时代的中职学生，不但要了解本专业内的相关知识，而且要了解相关专业及感兴趣的知识。学习这些知识，需要很强的驱动力，这些驱动力的寻找可以通过以下方面进行：首先，可以通过课堂教师教学的延伸、课后作业及任务的完成来进行。比如教师多布置一些发散型的课后作业或课后任务，有利于学生进行自我思考学习。其次，积极参加各种实践活动，比如学校的各种社团活动、学校组织的生产性实习、利用寒暑假打工等活动。这些都能很好促进学生的自主学习，有助于学生进一步认识及思考。最后，中职学生可以利用各种网上论坛、社交工具、网上专业数据库等工具，激发学习的兴趣，通过网上的交流，发现自我的不足，然后对不足进行反思和完善。

2）"互联网＋"职业院校学生学习实施的优化

一是加强自我时间的管理，扫清相应的干扰因素。

在互联网时代下，学生自主学习大都是通过电脑、手机或各种移动终端完成，由于学习资源和其他娱乐资源处于同一个平台上，学生很容易受到其他干扰因素的影响。针对这种情况，建议在进行自主学习的时候，使用固定的学习区域、固定的学习时间，使其养成习惯并且固化。对每天的课余时间进行规划，规划出相应的休闲时间和学习时间，每天对自己的学习情况进行总结和归纳。这样不但可以锻炼自己的自控能力，还可以提高自主学习的效率；同时还可以把学习任务按照紧迫性和重要性进行划分，对于重要而且紧迫的学习任务优先去做。对于不重要的但紧迫的任务，要列到其次，尽快做完。对于重要但不紧迫的任务，可以做到尽善尽美。对于不重要的也不紧迫的任务最后去做。

二是加强互助合作式学习。

互助合作能够提高学习效率，增强学习效果。因此互助合作式学习是"互联网＋"时代学生学习非常重要的策略。首先，中职学生可以建立学习小组，每天固定时间对相应的学习内容进行探讨交流，这样可以使学习事半功倍。其次，可以利用互联网建立相应的学习讨论组、加入相应的学习论坛等方式进行互助合作式学习。最后，可以加入学校相应的社团，比如文学社、建工之家等社团，利用社团组织的学习交流活动进行互助合作式学习。

三是加强与老师的沟通交流。

在"互联网＋"时代学习中，老师的作用不可或缺。因此，学生要积极与老师进行沟通交流。在自主学习中，学生可以在学习资源获取、学习工具运用、学习计划制定以及在学习实施中遇到问题时和学习效果的评价等方面，积极与老师沟通交流。尤其是在自主学习遇到问题时，积极与相关教师进行沟通交流，不但可以增强师生之间的友谊，而且增强学生自主学习的效率。

3）通过自我约束消除对互联网的过度依赖

当网络信赖和网络沉迷成为一种时代病症的时候，自我约束就成了人们特别需要的一种品质。职业院校学生作为移动互联网一个特殊的用户群体，从目前来看，需要自觉减少对移动设备的不恰当使用。移动设备具有上网、娱乐、生活服务等各种功能，但学生应利用移动设备为其学习、生活服务，应充分认识到娱乐并非移动设备的全部功能。为减少移动设备依赖的现象发生，职业院校学生应严格要求自己，严格约束，控制在课堂及其他场所移动设备的使用时间。制定好个人学习计划，借助移动设备辅助学习，提升个人素质，合理规划上网时间，成为网络的主人。

如何正确处理网络交往与现实交往的关系，也是职业院校学生面临的一个现实问题。同学们应认识到虚拟网络世界的人际交往仅仅只是现实人际交往的有益补充。学生应正确把握现实中人际交往的真实性、规范性与网络世界人际交往的虚拟性、开放性的特点，实现网络与现实交往的正确转换，恪守道德规则，约束好自己的一言一行，才能拥有健康、和谐的人际交往关系。当然，这种自我约束的能力需要在实践中培养，学生通过积极参加各类实践活动，优化自己的人文素养，充实课余生活，形成科学使用互联网的态度与习惯。学生在形式多样的校园活动中感受现实中生活的乐趣，真切地接纳身边的人与事，与他人分享快乐，有助于在小组学习中开展交流。通过参加丰富多彩的课余活动，学生的现实人际交往能力得到强化，在现实生活中健康快乐成长，将更多的时间与精力投入到专业知识的学习中来。

（三）网络学习空间建设方案

1. 信息化教学硬件环境建设

信息化教学硬件环境是"互联网＋"二维四阶信息化课堂教学模式实现的基础，是开展现代教育技术工作的前提和条件。在建设中应本着"以网络建设为先导"的思路，采取"统一规划、统一标准、统一管理、分步实施"的方针实施。教学硬件环境建设是一项复杂的系统工程，牵涉学校建设的各个环节，主要包括校园网络环境、存储环境、多功能网络教室等基础设施。

（1）校园网络环境

校园网是信息化教学环境的基础设施，是一项综合性工程，应该按照统一规划、分步实施的原则建设。校园网建设的主要内容是主干网、各子网、与互联网的接入。主干网可以采用的技术有千兆以太网、万兆以太网等，通过高级中心交换机来实现主干信息的高速交换，它是校园网的核心。各子网是指各部系建设的局域网，连接所有办公室、教学场所，通过二级交换机连接主干网。与互联网的接入主要是将校园网接入 Cernet 和 Chinanet，实现资源的共享。校园网建设的目的是为实现教学资源的共享提供必要的、高速的信息网络，为教学、科研、管理的网络化奠定基础。校园网应该提供公共的服务，例如电子邮件、SPD 等服务。

（2）存储环境

存储环境是指现代教学媒体资源中心，将各种教学媒体素材、课件、网络课程、软件等集中储存在网络环境下的教学资源库中，供教学使用，这有利于资源的共享和有效利用。其主要包括各种服务器和存储设备等。

（3）多功能网络教室

将室内所有计算机与校园网络相连，学生通过网上资源进行个别化学习，这是学生进行网上学习的主要方式。将学生用计算机与讲台教师操作的工作平台连成教学网络，使之具备网络教学功能。再配置部分现代教学媒体设备，满足多媒体组合教学的要求，可建成多功能综合电教室。

2. 信息化教学软件环境建设

信息化教学软件环境建设主要包括各种教学系统平台（开发、应用、管理等）建设、安全保障体系建设、管理环境建设、信息标准体系建设等。实践表明，硬件环境的建设促使软件升级，软件环境的建设又对硬件提出更高要求。从发展的角度看，软件环境比硬件环境起着更大的作用，因此，要使硬件充分发挥效能，必须大力抓好软件环境建设。

（1）教学系统平台建设

教学系统平台，包括开发、应用与管理平台，它是师生实施教学活动的舞台。教师可以在平台上方便地设计课程、准备课程、制作教学课件和指导、辅导学生学习，检查学生的学习情况并及时对学生进行科学、非量化的评价。学生在平台上方便地获得各种所需的学习资源，以及网络上的各种课程相关资料，如各种学科背景资料、学科专业资料等。通过几年的探索与实践，从蓝墨云、腾讯课堂等多种学习平台中最终选择了支持个性化学习和协作化学习，操作人性化，即符合一般学生的基本学习习惯的 Moodle 学习平台。该学习平台有教师备课系统、课件制作系统、教学应用系统、远程教学系统、资源管理系统、学习质量监控系统、教学评价系统和教学管理系统等，具有可靠、简单、实用的特点。通过平台每位师生拥有实名制课程空间，人人可享有优质数字教育资源的信息化学习环境，实名制的网络学习空间可满足师生随时随地泛在化学习的需求，将技术与教学实践融合落实到教师与学生的日常教学活动与学习活动中，形成网络环境下自主学习、互助学习的教育新模式。

（2）管理环境建设

三分技术，七分管理，系统的正常运行依赖于管理的规范化。建立健全各类信息系统运行服务的管理规范是信息化建设的重要工作。在各项制度的建设中，主要包括3类规范：管理类规范，主要是从学校管理的角度制定的规范；信息服务类规范，主要是从信息服务的登记、管理、运行、维护各个方面建立的规范；技术类规范，主要是从技术的角度保障网络与信息系统正常运行的规范，可以细分为2个子类，一类是对于人员与岗位职责的规定，另一类是运行维护的技术流程管理规定。

（3）安全保障体系建设

校园网络学习空间建成后，任何人都可以通过计算机访问学校的校园网络信息系统，而一个没有安全体系的信息化教学环境，如同不设边防的国家，随时都面临着安全性威胁。安全威胁既可能来自校园内部，也可能来自校园外部，主要包括不良信息的传播和"黑客"行为。所以，要使系统安全稳定运行，构建一个技术先进、管理高效、安全可靠的安全保障体系是十分必要的。在信息化教学环境安全体系建设中，必须首先建立计算机网络与信息安全领导小组，负责组织拟定计算机网络信息安全总体规划，建立完善的动态信息安全管理体系。经常开展信息安全和信息法制教育，提高全校师生信息安全意识，防范、打击计算机与网络犯罪，做到积极预防、及时发现、快速反应、确保恢复。

（4）信息化教学资源建设

信息化教学资源作为信息资源的重要组成部分，在提高教育、教学质量，挖掘教育的发展潜力上发挥着重要的作用。建立有本校专业特色的资源库，可以吸引师生上网浏览的兴趣，也能体现出自己学校的特色。建设丰富的教育、教学信息资源，是校园信息化教学环境建设的核心内容。根据教育部对教学资源建设的总要求，结合本校实际，走自主开发和积极引进相结合的道路。可通过在Internet网上，将丰富的教育、教学资源合法收集下载，如多媒体素材、课件、教案、论文、试题、应用软件等资料，然后分门别类地进行筛选、整理、汇总，最后在校园网平台上发布。也可以组织教师团队自主开发制作教学微课、试题等资源库，解决传统教学环境下教学资源缺乏的问题，也可以购买国内优质网络教学资源库和应用软件。最后还可以广泛开展校际合作，走教学资源共建、共享、互利的道路，避免重复建设造成资源浪费，形成共建共享的良性循环机制。

（5）信息化人文环境建设

信息化人文环境主要包括现代教育思想、理念和意识，教育技术政策与法规，教学氛围与学习风气等。如果没有良好的现代教育人文环境氛围，再好的现代教育技术条件都难以发挥促进素质教育的作用。在教育技术人文环境建设上应着重做好以下工作。首先，可通过大力开展现代教育技术的宣传与普及教育，不断转变观念，提高认识，树立起正确的教育技术观。其次，要从教学实际出发对应用的内容、形式、手段、方法、考核、评价等制定相应的措施，在充分调动教师积极性的前提下，确保教师、学生会用、想用，使之成为教学中不可缺少的重要手段。最后，应根据不同学习对象的特点创设不同的学习氛围与环境，利用网络构建数字化校园，创建良好的校园文化环境、教室文化环境、校风学风及和谐的师生关系，在这样的环境下，使学生的学习、审美情趣、心理素质等得到全面发展。

（6）信息化队伍建设

实现教学信息环境建设管理规范化，就要重视学校信息网络中心的建设，成立管理队伍建设，要有编制充足、分工明确的网络管理与维护人员，承担全校的信息化教学环境规划与建设、人才培训、课件建设以及管理等职能。信息网络中心人员由教学管理人员、工程技术人员和教师组成，他们的专业结构包括教育技术、计算机技术和教学管理专业，真正落实"信息化建设就是一把手工程"的原则。

"互联网+"二维四阶信息化课堂教学模式的信息化教室、学校的网络学习环境建设是一项系统工程，包括硬件环境、软件环境、教学资源、人文环境、信息化队伍建设等要素，只有信息化教学环境几个要素整体同步向前推进，才能使教育向信息化的目标迈进。

（四）"互联网+"二维四阶教学活动设计

教学活动的设计是以促进学习者学习为目的而进行的师生行为的总和，以系统性的方法分析问题，并创设有效的学与教系统的过程。教学活动和学习活动的侧重点不同，相对于学习活动而言教学活动更侧重于师生活动的综合行为，体现以教师为主导、以学生为主体的思想。传统课堂的教学基本上是按照"三阶段+四步骤"的流程进行的，教师通过备课、上课、布置作业、检查作业四个步骤完成教学任务，学生在这个教学过程中被动接收知识，获得能力，形成"课前、课中、课后"三阶段循环发展的教学模式。在这样的教学模式下，教师和学生缺乏互动且方式比较单一，学生的学习成效不佳，教学质量得不到提升。随着互联网技术运用于教学，课堂教学的流程和模式发生了重大的变化。"互联网+"二维四阶教学活动分为课前、课中和课后三个部分，每个部分都贯穿"教、学、查、改"四个阶段，每个阶段都有线上、线下两个维度的学与教，每个部分都由教师活动和学生活动共同组成。在"互联网+"二维四阶教学模式下，教师和学生可以利用网络教学平台，加强教与学的融合和统一，实现学生的综合发展。

1. 课前预习反馈，实时数据呈现

在课前预习活动的设计过程中，教师要依据具体的学习目标要求，结合学生特征分析结果，有针对性地进行预习内容的设计，制作预习资料，提供拓展资源，用于学生的课前预习活动。教师设计好教学活动之后通过移动设备推送给学生，学生开始课前预习。

在课前预习阶段，传统课堂教学流程可以简单概括为教师备课—学生预习，教师备课主要包括"三备"，即"备教材、备教法、备学生"。教师对学生的分析主要是依据个人经验和对学生的主观认识，缺少对学生情况的深入调查。而学生预习具有很大的自由性和不可控性，有没有认真预习全依赖学生个人素质。课前只有极少数同学会主动与老师交流，师生之间的交流互动难以得到保障，这导致教与学之间具有滞后性，教学质量低下。

"二维四阶"教学模式的课前预习环节从很大程度上解决了传统课堂出现的问题，具体包括以下环节：

（1）制作预习材料

预习材料的制作是教学活动设计的重点，一般包括自制微课、选择富媒体资源、制作预习检测题三项内容。

1）自制微课

微课是互联网时代下诞生的新宠，是一种新型数字化教学资源，其核心内容是课堂教学片断。学生可以通过移动设备随时反复观看，同时适合教师的观摩、学习和反思。目前有关微课的网站有很多，比如中国微课网等。在这些网站上教师可以观看相关作品，从作品的方案设计、呈现方式等方面进行研究学习，在交流评价区能够对作品进行评价，也可以将自制的微课在相关网站上进行投递参加比赛。微课的制作方法有很多，比较常见的是移动设备拍摄、录屏软件录制、数码相机拍摄、可汗学院模式等。微课的制作工具多种多样、层出不穷，常见的录屏软件有 Camtasia Studio、屏幕录像专家、微课大师等。

2）选择富媒体资源

富媒体从字面来看即丰富的媒体之意，形象地说，就是随着信息技术的发展，在互联网上出现的多种媒体形式，包括文字、图片、声音、动画、视频等。富媒体之富，是建立在互联网的基础之上的，是多媒体信息与交互性的深度融合。选择富媒体资源是智慧课堂教学的课前预习活动的重要任务，主要从以下两点把握：一是选择合适的学习资源，从内容上来说应和课堂教学内容相关，包括课程目标、数字教材、多媒体课件、网络视频、测试题、参考资料等。教师需根据课程所需，选择合适的资源类型。二是选择合适的推送方式，推送形式包括教师自制的微视频、自制的多媒体课件、电子文档、网址分享、网络视频、慕课视频等。不是每次课前预习所推送的资源都涵盖以上形式，教师要根据每节课的教学所需选择相应的推送方式。

3）制作预习检测题

预习检测题的设计是为了检测学生课前预习的效果，利于教师进行课前诊断，并进行教学内容调整。预习检测题的设计要围绕学习任务，符合学生的学习规律，与生活实际相结合。智慧课堂教学强调学生的个体知识建构，因此预习检测题要尽量有挑战性和趣味性，激发学生学习动机。预习检测题的题型包括客观题和主观题，客观题一般有单选题、多选题、判断题和投票题，主观题有简答题、分析题等。教师可以通过手机平台及时了解学生做题情况，并进行课前准备。

（2）资源发布

教师将制作好的预习资源通过智慧课堂信息技术平台发布给学生，学生移动端就会实时收到提醒。教师发布资源的同时还可以选择班级、设定预习截止时间。教师发布的资源形式多样，包括微视频、精选的网络在线课程、课件、链接、预习题等，供学生选择学习。与之前仅仅把课件传给学生相比，教师精选的资源更加丰富多样，能够激发一些学生的学习兴趣。

（3）自主预习

学生接收到教师推送的课前预习资料后，便可以根据自己的时间情况进行自主学习，并在指定时间内完成预习任务。Moodle 平台课前预习是具有可控性的，学生有没有预习、预习的情况和答题情况都会在教师端以数据的形式直观呈现。教师可以通过相关平台进行实时监控，及时了解学生的预习情况，并对预习数据进行分析，初步了解学生在预习过程中遇到的问题以及容易出错的知识点，做好教学记录。

（4）在线交流

学生可以对教师分享的预习资料发表意见，比如错误或者不当的地方，或者推荐自己认为比较好的资料给大家。针对预习过程中遇到的问题，学生可以在学习平台上与教师进行沟通交流，提出疑问或意见，教师给予初步解释，并对教学内容进行调整。还可以给老师出谋划策，以学生的角度来设计教学活动。教师可以采取相应的策略，鼓励学生交流互动，增进师生感情。

（5）教学方案

教师根据学生的预习情况、答题情况和交流情况，进行综合分析，对教学设计方案进行修改优化。其包括以下几个方面：一致性检测，检查所设计的各个学习活动，确保他们的具体设计与学习目标一致；思考是否可以增加或者改变学习外部形态；思考是否可以增加一些任务类型，使教学过程的任务类型更加丰富；思考如何增加学生的参与度；思考如何才能使得学生产生外部的学习成果；提升学生学习动力。

（6）学习心得

学生预习完成后，可以在学习平台上写下自己的学习心得，对自己的学习行为进行思考，这也是课前在线学习评价的一部分。这可以让学生更客观地评价自己，也是学习活动的重要组成部分。

2. 课中立体互动，师生持续沟通

在课中互动阶段，传统课堂主要是教师讲课—学生听课，教师提问—点名回答，布置作业—课后作业这三个环节。从这三个环节可以看出传统课堂缺乏互动性，学生处于被动地位。相比之下，二维四阶下的信息化课堂教学的关键就在于课堂互动，其核心是立体化的互动过程。在教学的过程中，强调学生的主体地位，教师起到引导者、促进者的作用。它不同于传统的课堂互动，不仅仅是课堂上实现师生之间言语的互动，最大的不同在于它借助相关信息技术学习平台来实现师生之间立体的、多元的、持续的、高效的互动，在互动的过程中促进学生智慧的生成。

（1）整理问题、确定问题

将班级学生每4～5个人分为一小组，小组讨论课前预习时遇到的问题，小组成员交流讨论、初步解决问题，无法解决的问题通过移动设备上报给老师，老师记录每个小组的问题，并根据课前预习情况做出判断，筛选典型问题，最后进行重点讲解。

（2）创设情境、导入新课

学习情境的创设有利于学生快速进入学习状态，教师可以采用多种方式来创设学习情景、导入教学内容。由于课前阶段学生已经对学习内容进行了初步预习，教师可以通过预习反馈、测验练习等形式导入新课。

（3）多屏教与学

二维四阶教学模式课堂中多屏显示包括教师端计算机、教师移动设备、学生移动设备、投影等。智能手机采用无线投影技术多角度、可视化呈现教学内容，教师可以利用投影屏创设教学情景，使学生沉浸其中，可以降低学生的学习认知难度。教师可以使用课堂互动反馈平台就相关问题调查学生的想法，并将统计结果实时呈现在教师的大屏幕上，供师生共同分析。此外，学生还可以借助反馈平台提出问题，并及时在投影问题板上展现出来，供大家一起讨论。移动互联网络支持教师与学生的实时互动，教室里配备可移动的桌椅，课前教师可以利用无线网络向学生传输资源和工具，课堂上，教室布局可以是秧苗式或半圆式，以师生互动为主，调整课堂布局。小组合作讨论问题时，每个小组桌椅呈圆形布局，布局灵活。小组成员可以使用移动设备讨论问题、绘制思维导图等，便于交流互动。在学习的过程中，学生可以利用手中的移动设备书写笔记并在线存储。学生通过智能手机可以结成学习伙伴，便于课上分享资源，课下相互讨论学习。多元交互不仅活跃课堂气氛，还能激发学生创造性思维的形成。

（4）布置新任务、合作探究

多屏教学解决了学生课前的预习问题，随后进入进阶练习阶段，教师通过手中的移动设备下达新的学习任务，并组织和指导小组内部开展合作探究学习，培养学生分析问题、解决问题的能力。

（5）课堂随测、限时提交

智慧课堂教学环境下，课堂随测主要是教师通过教师端推送测试题，学生通过智能手机学习平台接收测试题并完成提交。平台的测评系统会自动生成客观题的答题情况，以柱状图的形式显示出来，同时生成答题的正确率。这种直观的形式能把测试结果及时反馈给教师，用以错因分析和问题讲解。此外，每个小组可使用移动设备将小组作业或作品发送给教师端，教师将其投射到大屏幕上，开启投票器进行电子投票，投票的结果实时展现。课堂随测既可以在教学的过程中进行，用以检验某个知识点的掌握情况，又可以在某章教学任务完成之后，以检测学生对章节内容的把握。总之，智慧课堂利用移动设备和基于云服务的测评系统，具有立体多元分析评价的功能，对学生的测试实时处理、即时反馈，并对全班学生的测评成绩进行统计分析。

（6）实时点评、巩固内化

基于平台的数据分析，教师根据反馈的结果对每个小组的作业进行点评，比较、分析各小组的学习成果，其他小组也可以发表他们的意见和想法，思维的碰撞也许会产生意想不到的结果。在教师点评的过程中，师生之间的交流进一步加深，小组之间互相学习，有利于培养学生的批判性思维，促进学生知识的意义建构。

3. 课后个性辅导，兼顾学生差异

课后习题主要是为了帮助学生巩固和复习上一章节的学习内容，习题类型一般要比预习题型多样，包括客观题和主观题，客观题又分为单选题、多选题和判断题，主观题分为简答题、论述题和操作题。教师要根据课程目标设计符合课程内容的习题，对于操作类习题，教师可采用其他形式，比如要求学生录制操作视频，通过在线通信工具上传给老师。学生之间可以互相学习，教师可以对此进行

点评。

在课后阶段，传统课堂主要是要求学生统一完成课上布置的作业，下一节课上交给老师，老师课下批改，再下一次课才能得到作业情况的反馈，反馈不够及时，而且作业点评也只是解决共性问题，无法顾及每一个学生的差异。作业反馈的滞后性所产生的问题是影响学生的连续学习。而二维四阶信息化课堂很好地解决了这个问题，通过学习平台，教师可以针对学生个体差异推送个性化的复习资源，发布有针对性的课后习题。学生在一定期限完成课后作业后提交给老师，教师端平台就会收到学生的答题情况。对于客观题，学习平台能够自动批改并及时反馈给教师，教师还可以对主观题进行批改点评，然后把批改情况通过录制微课的形式反馈给学生，如图 5-1 所示。这种个性化辅导的方式更加高效、直观、快捷，学生能够及时查看作业情况，在线与老师交流，更正作业，进行总结反思。

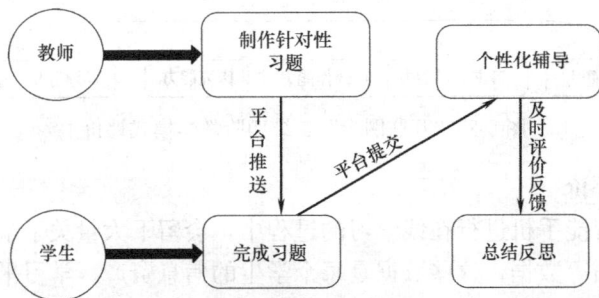

图 5-1 课后作业流程

4. "互联网十"二维四阶教学评价

教学评价是指根据一定的教学目标，收集教学过程中产生的相关数据和信息并对其进行量化分析，以此对教学效果，学习者的学习态度、学习行为等做出价值判断的过程。教学评价作为整个学习系统的反馈调节机制，在学习过程中起到重要作用。教学评价的目的，一方面是要检查学习活动的结果，另一方面是为了激励学习者。教学评价作为教学模式的最后一个环节非常重要，好的教学评价设计可以对学生的学习活动起到引导作用，数据分析得到的结果提醒学生做出相关调整，使得学习活动的开展更加高效。

在新课改的背景下，教学评价要想真正体现学生的主体地位、以学生的全面发展为本，就必须改革传统的教学评价。"二维四阶"信息化课堂教学评价的评价思想是以学生的"学"来评教师的"教"，即以学论教的思想，其评价主体首先是学生。

目前，职业学校对于学生的课程评价主要是形成性评价和总结性评价相结合。形成性评价主要来自学生的课后作业和课堂考勤情况，缺乏有效性和合理性，导致学生对平时学习不够重视，学生仅在临近期末时突击复习，学习效果较差。与单一的教学评价相比，"二维四阶"信息化课堂教学模式采用了多元评价的方法，即评价主体多元、评价方式多元、评价内容多元，充分发挥其激励和导向功能。传统的评价方式单一、片面，无法综合评价学生的学习效果，"二维四阶"教学模式学习评价将从线上线下两个维度进行评价，如图 5-2 所示。

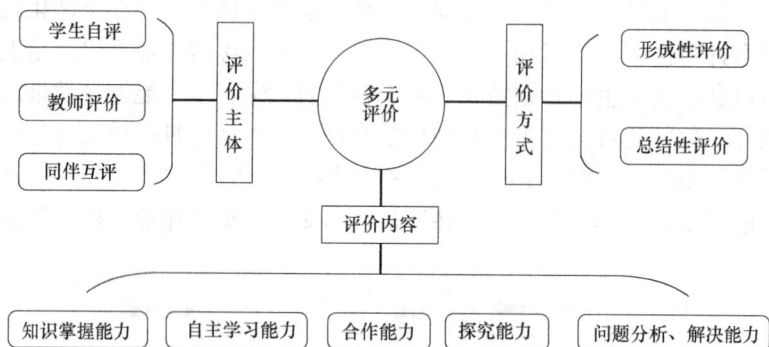

图 5-2 "互联网+"二维四阶教学模式评价

（1）线上评价

学生利用智能手机进行在线学习的过程中，会留下大量关于学习行为、学习偏好、学习习惯等数据，这些数据是每个学生的信息资产。学习平台所记录的行为数据是进行在线学习评价的重要依据。

（2）线下评价

线下评价指的是对学生在实体课堂上的学习行为做出的一系列评价。课堂教学是依托传统教室环境进行的，包括教师讲授、问题探索、小组合作解决问题、展示成果、教师点评等一系列学习活动。线下评价是基于信息化课堂的教学评价的重要组成部分，主要包括学生的课堂学习状态、自我评价和学习成果。学习状态具体表现在学生在课堂上的交流状态、情绪状态、注意力状态、思维状态和结果状态。自我评价是指对自己学习过程的客观评价。学习成果包括学生完成的作品、作业和测试结果等。

第六章 ▶▶

"互联网+"二维四阶教学模式应用实践研究

（一）"互联网＋"二维四阶教学模式应用——以"建筑识图"课程为例

1. 课程分析

（1）传统讲授式课程面临的问题

"建筑识图"是广西城市建设学校建筑工程施工专业的必修课程，大多数学校由于师资力量、硬件条件、教师观念等限制，目前的授课形式仍以"老师讲，学生听"为主，教学形式单一，老师的操作学生很难跟上，课堂师生互动较少，学生难以理解，教学效果低下。在教学过程中，教师统一讲授新知识、新操作，学生接受消化得慢，老师也不知道学生那些知识点听懂了，哪些比较困惑。种种原因导致学生学习兴趣不高，在识图的过程中遇到问题，部分学生被动消极，也不会主动向老师寻求帮助。同时，学生越来越沉迷于手机，课堂与手机似乎成为难以调和的矛盾。以上这些问题在很大程度上使得课堂教学难以提高学生实践动手的能力，不能满足社会对技能型人才的需求。因此，将"互联网＋"引入教学，把"互联网＋"二维四阶的教学模式应用于课程教学，以期改变这种现状。

1）实践对象的基本情况

实践对象为 18 建工 9 班的学生，该班"建筑识图"课程授课老师为白莉，由于学校机房数量的问题，并不能满足每班一个机房，人人都有电脑的教学，白莉老师为建筑工程施工团队负责人，从教 9 年，有着丰富的教学经验，教学认真负责。本次实践将课程分前后两部分进行对比，此课程共 20 周，前 9 周采用教师讲授式教学，后 11 周采用"互联网＋"二维四阶的教学模式，将课程前期和课程后期多方面进行对比研究。针对该门课程的前期教学，发放了"建筑识图"课程前期学习情况调查问卷，对传统授课形式下的课程学习情况、学习满意度和学习效果进行调查，目的是与后期实施"互联网＋"二维四阶的教学模式后的课程情况进行对比。该班级共有 54 人，男生 51 人，女生 3 人。本次调查发放 54 份问卷，回收 54 份，回收率 100%，有效问卷 54 份，有效率 100%。调查问卷采用纸质稿发放,课前发给学生,十五分钟内收回,确保了回收率,问卷收回后一一进行检查,确保所有问卷的有效性。

2)课程前期学习情况调查分析

学习时间:通过对学生课外学习时间的统计,该班约21.8%的学生每周花费在"建筑识图"课程的课外时间为2～3小时,仅有10.2%的学生课余学习时间是超过4小时的。课外学习时间小于1小时的占比为68%。从整体来看,该班学生在"建筑识图"课程的课外学习时间较少,不利于对每周所学知识的巩固、吸收和消化。课上没有听懂,课后不愿意花费时间练习,"建筑识图"课程知识偏重实践,仅靠课上老师讲授是远远不够的,需要在课上、课下花工夫进行巩固。

学习方式:通过问卷统计可以得出,课程的主要学习方式为课堂听讲,占80%,合作学习占56%,位于第二。而网络学习、自主学习和混合学习所占的比例不足40%。数据表明,在现有的"建筑识图"课程中,学生学习方式较为单一,获取知识的主要来源是课堂听讲,而学生课堂听讲的好坏受个体主观因素的影响很大,知识难以得到落实,学生处于被动接受状态。

学习方式:通过对教师上课使用到的教学资源的统计分析得出,首先是教师授课PPT,约占56%,其次是课程相关软件和电子文档,约占26%;网络学习视频占4%,课程配备的教科书占4%。从统计结果可以看出,学生课堂学习的主要资源来自于教师授课PPT。学生仅靠课上听讲会产生很多问题,比如跟不上老师的节奏,某个知识点听不懂,难以集中注意力等。

学习困难:课程学习困难主要分为两种,一是学生自身因素,二是教师因素。根据这些因素设计了四个问题,包括学生的学习兴趣、学习能力,教师的教学水平和教学目标是否明确,通过调查统计得出,该班76%的同学认为自己的基础较弱,理解能力差;80%的学生对"建筑识图"课程没有兴趣,从而没有学习动力;75.4%的同学觉得教学目标不够明确,学习没有目标,学生的学习行为不明确。对于教师的教学水平,得到了全班同学的一致认可。

学习状态:在课堂互动上,该班约41.4%的学生在老师提问或小组谈论时,处于被动状态,老师提问没人回答,小组讨论不积极,仅有26.4%的学生能够积极回答老师问题并参与到小组讨论中。在注意力集中上,仅32.5%的学生会将注意力集中。从以上数据可以看出,在讲授式的课堂上,学生处于被动状态,被动听课,被动学习,无法激发学生的学习热情。听课过程中,注意力难以集中,"建筑识图"课程本身由于没有实物的模型,比较抽象、难懂枯燥,无法吸引学生的注意力,学习氛围低沉。

3)课程满意度和课程学习效果分析

课程满意度:课程满意度主要从两个方面来体现,一个是学生的学习方式,另一个是教师的授课情况。在学习方式上,该班有25名学生对这门课程的学习方式满意度为一般，处于既不讨厌也不喜欢的状态。有 14 名学生对这门课程的学习方式表示满意，6 名学生不太满意自己当前的学习方式，有 9 名学生很不满意现在的学习方式。在教师的授课情况上，大部分学生对老师的授课表示满意，有 38 位学生对现在的授课情况满意度一般。整体来说，学生肯定教师授课情况反映出授课教师在教学生上的认真负责，但数据显示该班学生对于现有的学习方式满意度较低，处于被动消极的状态。这种学习状态不利于提高学生分析问题、解决问题的能力，学而不用，难以实现课程教学目标对于学生的期望。因此，学生学习方式的改变刻不容缓。

（2）解决途径

针对传统课堂教学出现的问题，借助构建的"互联网+"二维四阶教学模式展开应用实践，以期改善现有的教学现状，给师生带来新的生机。教学模式实施对象为 18 级建筑工程施工专业 9 班的学生，该班总数为 54 人，"建筑识图"课程为建筑工程施工专业基础核心课程，为第一学期的课程，教学由白莉老师负责，课程总共 20 周，一周 6 课时，前 9 周实施传统课堂教学，后 11 周实施"互联网+"二维四阶教学模式开展教学。

"建筑识图"课程引入"互联网+"二维四阶教学模式，充分利用网络学习空间，开展线上和线下两个维度，教、学、查、改四个阶段的学习。课前线上、线下学习相结合，教：课前教学准备，为学生课前自主学习提供教学资源。课堂中线下学习，教：指导学生学习方式为主，学：以合作探究的方式开展学习；课中线上检查分析，以学生参与线上测试，检查分析学习情况为主；通过线上、线下相结合的反思改进和拓展学习后，改进方式，再进入到下一轮的教学。

2. 课程实施

（1）课程支撑平台及其应用

2016 年暑假，学校组织老师赴北京广联达总部和蓝墨云总部北京公司调研，公司相关人员对各软件和平台对平台进行了介绍，教师对仿真学习软件及蓝墨云班课有了初步的认识。蓝墨云平台没有时间限制，学生可以随时随地地查看资源，使得所推送的教学资源利用率极大地提高。可有效促进教的方式转变，编写教案，录制微课，选择并推送资源，随时与学生互动等，并能突出个性化学习。总之，蓝墨云课的应用推动了教学模式的改变，确立了学生的主体地位。

2016 年秋季学期，我校首次应用蓝墨云课，教师的教学方式和学生的学习方式都有了改变。教师也应用蓝墨云平台开展了信息化教学大赛。但是，在实践应用中，对教师提出了更高的要求，课前资源的准备工作量更多；平台中探究活动的开展成为难题，虽然也能上传视频资源，但终归不能代替自己操作和探索的实践；另外，蓝墨云平台的功能，还无法体现教师的课程设计，学生还无法完全自主学习，还需要教师对每个环节的引导指示。

为了更好地适应"互联网＋教育"的环境，有效地推动"二维四阶"教学模式的有效实践，学校鼓励教师采用多样化的教学平台。2017年开始，教师开始根据各自的课程特色，选择适合课程特色的平台。部分教师使用蓝墨云，部分教师使用职教云，部分教师使用建筑云课堂，还有个别老师使用腾讯课堂，开展了对外培训，访问量达11万次。

经过1年的时间，有效地推动了"二维四阶"教学模式的实践，学生的学习方式和教师的教学方式有了质的变化，学生的学习不再局限于课堂，且参与度不断提升。但是各类平台的应用，给教学的管理带来了一定的难度，各类平台各具特色，教学效果、数据反馈的方式各不相同，使得教学效果的数据分析无法统一，无法及时进行课程教学的反馈。

2018年，学校组织教师就信息化平台建设的内容，进行了广西壮族自治区内外多所学校及企业的专项调研，通过借鉴多所学校建设经验及专家指点，学校与企业联合，引入Moodle学习平台，对学习平台硬件、学习平台运行环境和教学模块等进行个性化设计，通过专家指导、学校提出需求，共同制定信息化学习平台建设方案，构建了一体化"互联网＋"教育学习平台。

Moodle平台简单、精巧，内部页面可以根据自己的需要随意调整。同时，可以根据对访问者开放的权限来生成不同的课程，为其检索相应的学习资源，按照学习者的需求来进行课程安排。Moodle平台可采用可视化的编辑方式，功能很强大，不需要任何专业培训就可以自如使用。

虽然Moodle被引进国内的时间不长，但其发展十分迅速。国内研究团队对Moodle平台进行了二次开发，使该平台拥有丰富的教学模块，使翻转课堂教学活动的开展更加便捷。

按照学校要求，针对"二维四阶"教学模式为主要方向进行平台模块设计，包括：课程管理、问卷调查模块、作业模块、聊天模块、互动评价、测验模块、教案设计、教学内容、资源链接等适合学校教学情况的个性化设计，有效地解决了以往各类平台应用中所出现的问题。

（2）课程学习资源

基于Moodle学习平台的课程学习资源主要是教师的教学设计和制作的课件，课件中涉及文字、图片、视频、连接等媒体资源。教学设计应满足"二维四阶"教学模式的有效实施，制作的教学资源满足学生线上、线下两个维度的自学。对于"建筑识图"等操作性较强的课程，教师提前将每一个知识点制作成微课视频，上传到Moodle学习平台（图6-1），这样每一个知识点、每一步操作都能通过学习平台留下学习轨迹，学生可以依据微课及课前讨论进行课前的预习，课后还可以随时通过Moodle学习平台找到相应的课程资源进行复习巩固。

以"建筑识图"课程第十一章任务四"建筑立面图识读"为例，授课教师白莉设计了课前情景假设环节，引导学生进行自主学习，并对所学知识有一些认知；课前录制了 2 个微视频，分别为建筑立面图的形成与命名、建筑立面图的识读，服务于二维四阶的两个维度的自主学习；课程测试 4 次，服务于四个阶段中"查"的环节，教师小结、课后拓展等环节，有效地促进"改"环节的实施。

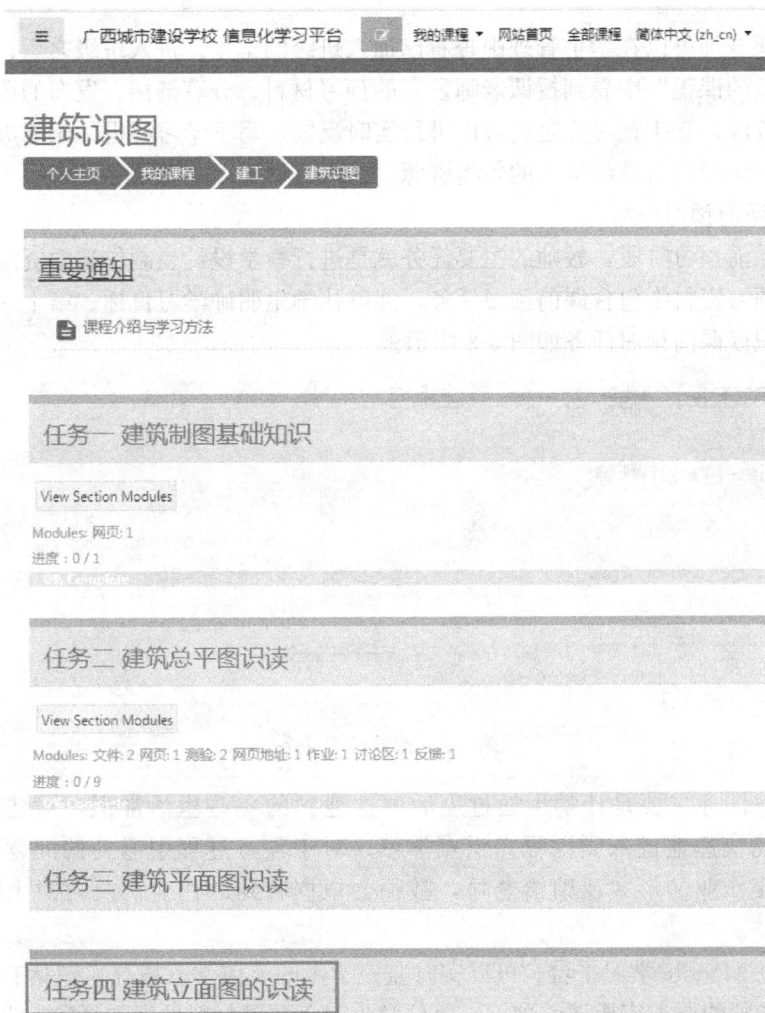

图 6-1 "建筑识图"课程学习平台

（3）实施过程

根据"建筑识图"课程第十一章"建筑立面图识读"，设计了"互联网＋"

二维四阶教学模式下的教学设计，课程实施过程主要包括课前预习、课堂自主学习、课堂测试和课后拓展联系四个环节。以此进行学习过程的具体展示。准备阶段：在进行"互联网＋"二维四阶教学模式之前，协同教师首先要向授课教师介绍平台功能、如何使用和课程实施的过程，并向学生介绍平台的操作，熟悉新型的学习方式，了解学习过程和评价妨碍等。其次，授课教师白莉老师在 Moodle 平台上创建了班级，填写班级信息，课程名称为"建筑识图"，班级为 18 建工 9 班。

授课老师可以在学生管理中查看已加入班级的学生。进入班级之后，学生可以在"我的课程"中看到授课老师发布的预习材料、分享链接、发布的课后习题等在线资源，学生预习完之后可以进行实时反馈，写下学习心得。未能进入到班级的学生无权观看教师推送的各类资源。

① 课前预习

在课前预习阶段，教师的主要任务就是进行教学设计、制作教学资源和预习材料。预习资料中包含课前预习任务，能够让学生明确学习目标。第十一章建筑立面图识读课前预习任务如图 6-2 所示。

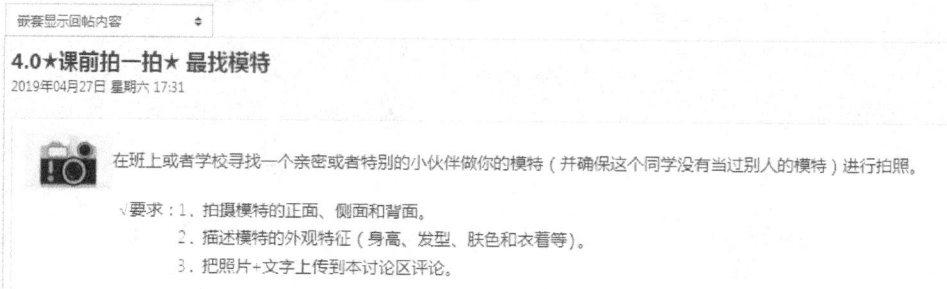

图 6-2　课前预习任务

课前任务主要是让学生通过生活中常遇到的一些生活常识，对建筑有所认知，能快速地进入到课程知识点学习。对于预习过程中遇到的问题，学生可以提交作业的形式反馈给老师，教师会根据收到的作业，及时对上课内容进行调整。

通过 Moodle 学习平台，可以实时监控学生的整体学习情况，包括有多少学生按照老师的要求完成课前预习，每位学生对于预习材料的观看页数、观看总时间、完成预习的时间、具体答题情况等，可以准确追踪到每位学生的学习过程轨迹，如图 6-3 所示。同时，课前预习过程中所产生的在线数据可以作为教师进行教学研究的宝贵资源，教师还可以将在线预习数据纳入课程评价体系中，实现线上评价和线下评价的创新结合。

姓 / 名 ▲	Email地址	角色	最近课程访问	状态
黎世付	348472754@qq.com	教师 ✎	110 天 18 小时	活动的 ❶ ✿ 🗑
18工9于凯阳	18g910@qq.com	学生 ✎	122 天 22 小时	活动的 ❶ ✿ 🗑
18工9何书淇	18g951@qq.com	学生 ✎	110 天	活动的 ❶ ✿ 🗑
18工9余高祥	18g909@qq.com	学生 ✎	110 天 17 小时	活动的 ❶ ✿ 🗑
18工9候逆利	18g950@qq.com	学生 ✎	110 天 15 小时	活动的 ❶ ✿ 🗑
18工9傅世江	18g952@qq.com	学生 ✎	136 天 18 小时	活动的 ❶ ✿ 🗑
18工9冯水全	18g953@qq.com	学生 ✎	110 天 17 小时	活动的 ❶ ✿ 🗑
18工9刘双鑫	18g937@qq.com	学生 ✎	136 天 18 小时	活动的 ❶ ✿ 🗑
18工9刘耀松	18g938@qq.com	学生 ✎	110 天 17 小时	活动的 ❶ ✿ 🗑
18工9刘志安	18g936@qq.com	学生 ✎	136 天 18 小时	活动的 ❶ ✿ 🗑
18工9刘双	18g939@qq.com	学生 ✎	123 天 22 小时	活动的 ❶ ✿ 🗑
18工9叶壬	18g912@qq.com	学生 ✎	136 天 18 小时	活动的 ❶ ✿ 🗑
18工9叶祖良	18g911@qq.com	学生 ✎	从来	活动的 ❶ ✿ 🗑
18工9吴鑫	18g915@qq.com	学生 ✎	110 天 17 小时	活动的 ❶ ✿ 🗑
18工9周飞建	18g916@qq.com	学生 ✎	110 天 17 小时	活动的 ❶ ✿ 🗑
18工9周工章	18g902@qq.com	学生 ✎	110 天 17 小时	活动的 ❶ ✿ 🗑
18工9唐栋	18g921@qq.com	学生 ✎	110 天 17 小时	活动的 ❶ ✿ 🗑
18工9唐泽林	18g920@qq.com	学生 ✎	26 天 17 小时	活动的 ❶ ✿ 🗑
18工9孙昌乐	18g922@qq.com	学生 ✎	122 天 22 小时	活动的 ❶ ✿ 🗑

图 6-3　学生预习情况

② 课堂互动

课堂互动环节是以改变被动乏味的课堂气氛，增加师生交流互动为主的线上、线下相结合的学习活动，主要体现学生学习方式的改变。在开始上课之前，教师会将此次课程的教学设计的过程及学习的方法告诉学生，指导学生学习。教师通过 Moodle 平台的课堂测试、投票、反馈等功能设置了相应的互动环节，以调节学习气氛。通过教师端在一体机上的显示，教师和学生都能实时关注到自己的学习情况，如图 6-4、图 6-5 所示。

4.3.2【讨论区】学习中的疑问请发表

先回答的前十名有评价和奖励分。

开启一个新话题

话题	发起人	回帖
我们班谁最可爱	18工9于凯阳	3
我是你们的什么？	18工9石灼中	1
你们就不能像我一样只管学习吗？	18工9石铁楷	0
我们班谁最丑	18工9陈杰成	1
我们班谁最帅？	18工9邹天志	18
	18工9白广力	0

图 6-4　课中讨论互动

③ 检查分析

学生根据教师在 Moodle 平台设计的教学设计的流程进行自主学习，Moodle

平台的即时反馈，为检查分析提供了数据支持。在此阶段，学生的测试等都能得到及时的反馈，教师可根据及时的数据反馈，对学生进行个别指导（图6-6）。

④ 反思改进

此阶段为学生的课后拓展及教师学生的反思改进，主要是通过Moodle平台课后拓展作业和学习效果反馈，给教师提供数据反馈，帮助教师及时改进教学方法（图6-7、图6-8）。

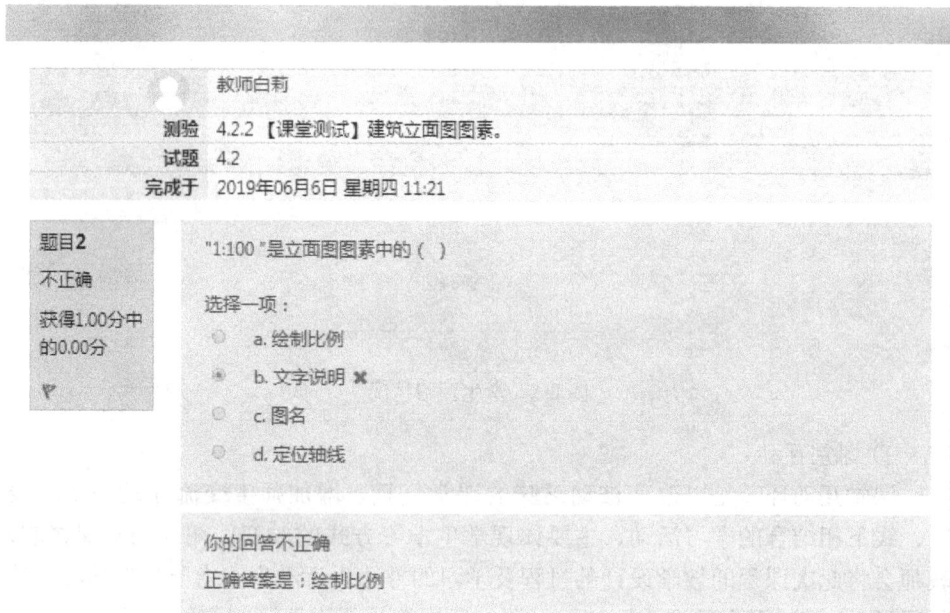

图 6-5　学生互动问答

图 6-6　学生测试数据反馈

4.0【课前作业】★拍一拍——最佳橡将

4.1 ★本节任务★

情景假设：某建筑公司承建一栋学校的办公楼，班组间要进行技术交底，假如你是施工员，其中有一项内容就是要读懂建筑立面图，请你通过完成今天的三个任务来完成这项工作。

【任务一】：观看视频（一），并完成练习（一）。

  4.1.1 知识点视频···立面的形成与命名

  4.1.2【课堂测试】立面形成与命名

4.2【任务二】观看知识点视频（2），并完成练习（2）

  4.2.1 知识点视频（2）---立面图的图素识读

  4.2.2【课堂测试】建筑立面图图素。

  4.2.2【课堂测试】建筑立面图图素

  限时5分钟

4.3【任务三】利用识图模型模拟软件学习读图，然后完成练习（3）。

  4.3.1 模拟软件识读立面图使用示范

  4.3.2【讨论区】学习中的疑问请发表

  先回答的前十名有评价和奖励分。

  4.3.2【课堂测试】识图课本后建施6-8，做练习

4.4【教师小结】

4.5 本节课知识点汇总资料

4.6【课后拓展】

  根据本节所学内容，认真完成作业。

4.7 本节课学习效果反馈。

  匿名反馈，请各位同学安心回答。

图 6-7 教学反馈任务栏

答复编号 ▲	你觉得本节课的内容难吗？	你觉得建筑立面图的图素（命名、比例、标高、轴线、文字说明等）最难懂的是哪个？
答复编号：1	一般	一般般吧
答复编号：2	容易	文字
答复编号：3	一般	标高 比例
答复编号：4	一般	轴线
答复编号：5	一般	还行
答复编号：6	一般	还可以
答复编号：7	容易	标高
答复编号：8	容易	命名、比例
答复编号：9	一般	都还行
答复编号：10	一般	都觉得
答复编号：11	一般	都差不多，只要记号这些问题都还是可以的。就是网有点卡题目总是出不来。
答复编号：12	一般	差不多
答复编号：13	容易	都差不多吧，我基本都懂了
答复编号：14	一般	一开始就像个无头苍蝇一样傻愣愣的坐在电脑前，经过一节课洗脑已经充分掌握技巧
答复编号：15	容易	都不难
答复编号：16	一般	嘿嘿嘿嘿嘿嘿嘿嘿
答复编号：17	容易	文字说明
答复编号：18	一般	文字说明。
答复编号：19	一般	标高
答复编号：20	一般	轴线

图 6-8 学生课后反馈数据分析

（4）教学评价

基于 Moodle 平台的课前、课中、课后的教学情况，将线上评价和线下评价相结合，掌握教学的全过程。线上学习评价主要包括课前学习任务的完成情况、课中考勤情况和课后作业完成情况。线下学习评价主要包括学生的学习态度、学习方式、参与程度、合作意识、探究活动等，见表 6-1。

广西城市建设学校学生学习评价表　　　　　　　　表 6-1

班级：＿＿＿＿＿＿＿　　姓名：＿＿＿＿＿＿＿　　日期：

评价项目	评价内容	评价标准				评价方式			备注
		优（5分）	良（4分）	中（3分）	差（2分）	自评	互评	师评	
学习态度	1. 学习目标明确，重视学习过程反思，积极优化学习方法 2. 逐步形成浓厚的学习兴趣 3. 保质保量按时完成作业 4. 重视自主探索、自主学习、拓展视野	积极、热情、主动	积极热情但欠主动	态度一般	较差				
学习方式	1. 学生个体的自主学习能力强，会倾听、思考、表达和质疑 2. 学生普遍有浓厚的学习兴趣，在学习过程中参与度高 3. 学生之间能采取合作学习的方式，在合作中分工明确地进行有序和有效的探究 4. 学生在学习中能自主反思，发展求异、求新的创新精神，积极地提出问题和讨论问题	自主学习能力强，能倾听、思考、表达和质疑	自主学习能力较强，会倾听、思考、表达	自主学习能力一般，会倾听	自主学习能力差，不会思考				
参与程度	1. 认真参加学习活动，积极思考，善于发现问题，勇于解决问题 2. 逐步提高表达能力与交流能力 3. 积极参加探究和教学活动，加强专业课文化的学习 4. 积极参加学科实践活动等	积极思考，善于发现问题，勇于解决问题，表达能力强	积极思考，善于发现问题，勇于解决问题	能发现问题，但解决问题能力一般	参与意识不够积极主动				
合作意识	1. 积极参加合作学习，勇于接受任务，敢于承担责任 2. 加强小组合作，取长补短，共同提高 3. 乐于助人，积极帮助学习有困难的同学 4. 公平公正地进行自评和互评，评价过程认真、负责、有诚信	合作意识强，组织能力好，与别人互相提高，有学习效果	能与他人合作，并积极帮助有困难的同学	有合作意识，但总结能力不强	不能很好地与他人合作学习				

续表

评价项目	评价内容	评价标准				评价方式			备注
		优（5分）	良（4分）	中（3分）	差（2分）	自评	互评	师评	
探究活动	1. 积极尝试、体验学科研究的过程 2. 逐步形成严谨的科学态度，不怕困难的科学精神 3. 勇于质疑、善于反思，有创新意识 4. 善于观察分析事实，提出有意义的问题，猜测、探求适当的学科结论和规律，给出解释和证明，撰写探究活动报告	对事物的性质、规律及该事物与他事物内在联系达到较深刻理解	理解较浅	理解模糊	未理解				
知识和技能的应用	1. 认真观察日常生活和其他学科的联系 2. 积极体验在解决实际问题中的价值和作用 3. 自觉养成应用知识解决问题的意识，增强综合应用能力	能很灵活运用知识解决问题	较灵活运用知识解决问题	应用知识技能一般	解决实际能力较差				
其他	情感、态度、价值观的转变，认知水平的发展	学习态度、认知水平有很大提高	学习态度、认知水平有较大提高	学习态度、认知水平有一些提高	无明显发展特征				
综合评价	小组评价等级		任课老师评价等级	教师寄语：					

（5）模式实践情况分析

1）学生问卷调查分析

"互联网＋"二维四阶教学模式实践应用情况调查问卷采用伙伴办公在线问卷调查，在"建筑识图"课程结束时，向 18 建工 9 班同学发送调查问卷，该问卷在前期学习情况的基础上做了改进，目的在于了解学生对"互联网＋"二维四阶教学模式下课程的教学方式的体验、满意度和学习过程的影响因素等一系列问题，从而证明"互联网＋"二维四阶教学模式的有效性。本次调查问卷采用发布二维码，扫码填写，共回收 54 份，回收率 100%。

2）学生体验调查分析

在喜欢程度方面，问卷将学生对"互联网＋"二维四阶教学模式的喜欢程度分为五个等级：很喜欢、喜欢、一般、不喜欢和很不喜欢。调查结果显示，11个学生对于这样的学习模式的喜欢程度一般，有 35 个学生表示喜欢这种学习模式。剩下 8 个学生明确表示不喜欢这种新型的学习方式。

问卷调查后，对个别同学进行了访谈，大家对于使用 Moodle 平台这种学习方式表示喜欢。认为这样的学习方式目标更为明确，而且动手实践多，在每一个知识点后都有相应的测试，这样的学习任务更为明确。

3）学生效果和满意度调查分析

在学习效果方面，依据前期的调查问卷、模式应用后学习效果从以下几个方面进行调查：基础知识的掌握、分析问题及解决问题的能力、学习兴趣的提高、合作交流的能力、自主学习的能力。与前期调查结果相比较，超过 65％的学生认为这种教学模式提高了对基础知识的掌握，88.3％的学生愿意参与到其中，有 85％的学生认为提高了对课程的学习兴趣，63.4％的学生认为通过这种学习方式，培养了自主学习的能力，41％的学生认为合作交流的能力有所提升。

从整个调查数据来看，通过"互联网＋"二维四阶教学模式，学习方式发生了明显改变，对自我的认知更为清楚，学习的积极性提高了。但也有部分学生，对于自己的改变并不关心，甚至没有想法。

4）期末成绩分析

18 建工 9 班共计 54 人，考试人数 49 人，及格人数 44 人，最高分 100 分，最低分 44 分，及格率 85.71％，如图 6-9 所示。

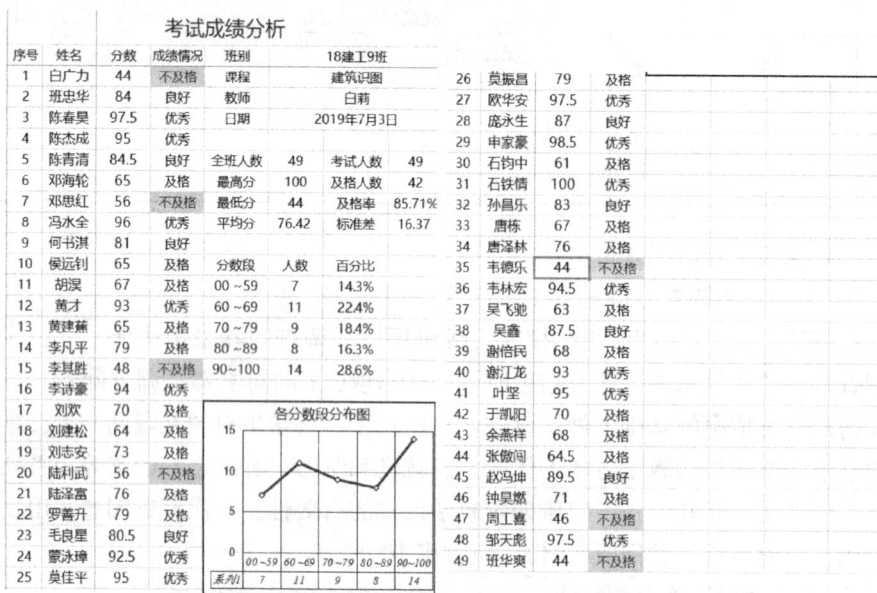

图 6-9　期末考试成绩分析

班别	平均分	最高分	最低分	90~100分		80~89分		70~79分		60~69分		60分以下		及格率	80分以上比例	实考人数	平均分排	及格率排	80分以上比例排名	班级平均分与年级平均
18建工1班	47.25	90.5	19.5	1	1.89%	3	5.66%	4	7.55%	8	15.09%	37	69.81%	30.19%	7.55%	53	9	8	9	-12.52
18建工2班	59.10	91	25.5	2	3.57%	4	7.14%	14	25.00%	8	14.29%	28	50.00%	50.00%	10.71%	56	6	6	8	-0.67
18建工3班	67.31	96	29.5	4	7.14%	11	19.64%	13	23.21%	12	21.43%	16	28.57%	71.43%	26.79%	56	3	3	5	7.54
18建工4班	41.14	87	22.5	0	0.00%	2	4.26%	3	6.38%	0	0.00%	42	89.36%	10.64%	4.26%	47	10	10	10	-18.63
18建工5班	49.58	93	17.5	2	3.70%	4	7.41%	3	5.56%	6	11.11%	39	72.22%	27.78%	11.11%	54	8	9	7	-10.19
18建工6班	70.75	100	30.5	6	11.76%	8	15.69%	14	27.45%	11	21.57%	12	23.53%	76.47%	27.45%	51	2	2	3	10.99
18建工7班	53.81	100	16.5	7	14.29%	2	4.08%	3	6.12%	6	12.24%	31	63.27%	36.73%	18.37%	49	7	7	4	-5.96
18建工8班	65.11	100	31.5	10	20.00%	5	10.00%	5	10.00%	7	14.00%	23	46.00%	54.00%	30.00%	50	5	5	3	5.34
18建工9班	76.42	100	44	14	28.57%	6	16.33%	9	18.37%	11	22.45%	7	14.29%	85.71%	44.90%	49	1	1	1	16.66
18建工10班	67.18	100	23.5	10	20.00%	12	24.00%	8	16.00%	0	0.00%	20	40.00%	60.00%	44.00%	50	4	4	2	7.42
合计	59.77	100	16.5	56	10.87%	59	11.46%	76	14.76%	69	13.40%	255	49.51%	50.49%	22.33%	515				

图 6-10 与平行班级的成绩对比分析

通过与平行班级的成绩对比分析（图 6-10），可以看出，18 建工 9 班的成绩排年级第一，且平均分与其他班级都有很大的优势，与年级平均分差值达16.66 分。

3. "建筑立面图识读"信息化教学设计

一、教学内容分析

本次教学内容选自"建筑识图"中第十一章建筑立面图识读。本章内容多,难度较大,是本课程的核心内容与教学重点,设计为 2 个学时。学好本章内容,对学习建筑平面图与剖面图起到重要的作用,也是突破学习难点——立面图与平面图相结合识读的关键

二、教学对象特征分析

教学对象为本校建筑工程施工专业一年级学生,学生学习基础薄弱但积极性高,课堂气氛活跃但学习目标不明确,好胜心强但自信心不足,渴望得到认可又缺乏自制力差,课堂上连续听课时间持续不长。学习上已初步掌握识图的基础知识,在学习中反映出学生三维想象能力较差,独自识图时无从下手,对标高的理解存在障碍

三、教学目标

认知目标	能力目标	情感目标
1. 初步了解建筑立面图的形成和三种命名方式; 2. 理解建筑立面图的内容(图素); 3. 掌握图素所表达的含义	1. 学生能描述出立面图的三种命名方式; 2. 80%的学生能正确指出建筑立面图中所有图素; 3. 70%的同学能独立按识图顺序,根据图素对建筑立面图进行正确的识读	1. 通过自主、团队探究学习,树立学习信心; 2. 弘扬团队合作精神,提高沟通协调能力; 3. 认同岗位的重要性,树立职业责任感

四、教学重点与难点

1. 重点:(1)建筑立面图的三种命名方式;

(2)立面图的图素内容:图名、绘制比例、轴线、标高、文字说明

2. 难点:如何正确识读立面图的标高和房屋立面造型

五、能力训练任务及案例

1. 根据图纸,填写图素表格;

2. Moodle 学习平台的选择题,巩固重点知识;

3. 对某小学办公楼建筑立面图的识读

六、教学策略与教法设计

策略:根据学情和以往的教学经验,采用"教师主导、学生主体"的自主学习策略,降低课程内容的难度,任务难度层层递进,减少持续讲课的时间。运用多种信息化手段,解决室内教学的局限性,以此达到突破教学重点,瓦解教学难点的目的。

教法:任务驱动教学法、讲授法、讨论法、练习法;

学法:自主合作探究、分组讨论、学生教学生

七、教学环境与教学资源

1. 教学环境:仿真实训教室,手机移动工具;

2. 教学资源:仿真模拟软件、Moodle 学习平台、PPT 多媒体课件、微课、任务单、小组评分表、自评互评表

八、课程系统部分——教学过程

教学过程结构设计框架:

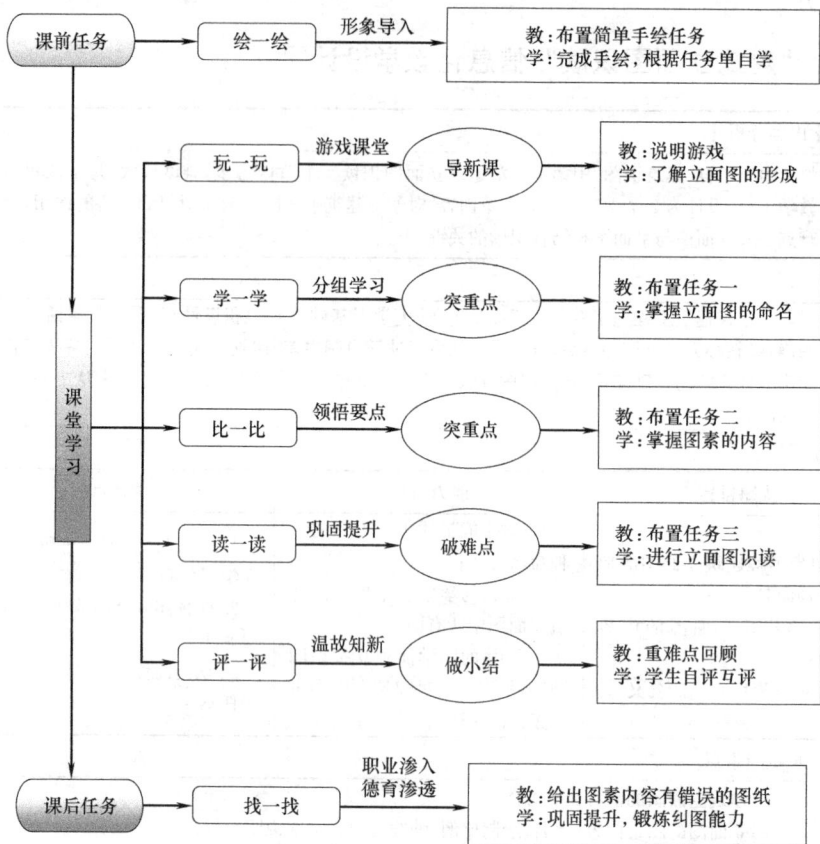

教 学 过 程					
教学环节		时间分配	教师任务	学生活动	设计意图
课前任务	绘一绘	自由安排	在 Moodle 学习平台通知中发布课前任务： 1. 简单绘出宿舍楼的外观形状并分享到讨论区。 2. 观看微课视频	绘图,并分享到云班,观看微课	通过 Moodle 学习平台进行课前任务布置,平台数据可及时反馈学生完成情况。绘图可以让立面图形象导入,让学生有初步认识
课堂学习	环节一 玩一玩	10分钟	组织游戏:让同学们拿出手机,分别从正面、背面、左侧面、右侧面四个角度给自己的同桌拍照	学生间相互拍照,并把照片上传至云班课	利用手机拍照的课堂游戏方式,以人体立面为引子,导入建筑立面图的定义,吸引学生注意力,激发学生的学习兴趣
			选两张有代表性的照片,请拍照的同学进行描述	分享照片,描述同桌的外形特点	
			总结学生发言,引出知识点: 1. 立面图的定义:用建筑物立面的平行的投影面上所做的正投影,表达外形尺寸与立面效果。 2. 作用:房屋的体型和外貌、门窗的形式和位置、墙面的材料和装修做法	思考、聆听	
	环节二 学一学	10分钟	创设情境,任务引领 某建筑公司承建一栋学校的办公楼,班组间要进行技术交底,你是技术人员,其中有一项内容就是要读懂建筑立面图,你如何完成任务?	认真听讲、思考	设置情景,结合专业的岗位特点,通过职业渗入,引起学生关注,引出3个任务
			1. 对学生进行分组,要求以小组为单位完成任务。 2. 发布任务1:写出建筑立面图的3种命名方式,并与后面的图片进行连线配对。 3. 随堂指导,疑难点拨	小组讨论,充分利用仿真模拟软件、微课和课件等资料	通过小组学习,创造良好的学习氛围,学生能互相帮助,取长补短。培养良好的团队意识。通过观看微课,解决了无法进入施工现场教学的问题
			1. 把各小组的答案张贴在白板上,请一位同学来分享答案和思考过程。 2. 引导学生进行对比与总结,得出正确的答案。三种命名方式分别为: (1)按朝向命名 (2)按主入口方向命名 (3)按轴线编号命名 3. 播放微课中这一知识点的内容,从微课动画的效果中能更形象理解概念	讨论、思考、总结、做随堂笔记	

续表

教 学 过 程

教学环节		时间分配	教师任务	学生活动	设计意图
课堂学习	环节三 比一比	15分钟	1. 发布任务2:组织小组比赛:各小组根据图纸填写图素表格,比一比哪个组写得又快又准确(见附件一)。 2. 随堂指导、疑难点拨	各小组成员自主学习图素的概念,并认真讨论、填写表格内容	通过个人学习与小组讨论相结合的方式,用比赛调动学生的参与性和积极性,促使同学们认真观看图纸,领悟图素的内容,掌握了课程的重点知识,发扬了团队合作的精神,并增强了他们的竞争意识
			1. 把各小组的答案张贴在白板上,请一位同学来分享答案和思考过程。 2. 引导学生进行对比与总结,用电脑现场进行图片批注,指出正确的答案	思考、总结、做随堂笔记	
	小练习	10分钟	在Moodle平台对学生进行测试,帮助学生掌握易错的知识点	用手机做题	一方面,通过手机做题的新颖方式,增强了学生做题的兴趣;另一方面,APP测试结果的及时反馈,又有助于教师了解教学效果
			点评试题,重点知识小结	思考、聆听	
	环节四 读一读	25分钟	利用仿真模拟软件现场批注,进行讲解: 1. 图素识读顺序。 2. 识读疑难点讲解: (1)标高 (2)房屋立面造型	通过操作模拟仿真软件和聆听老师的讲授,学习图素的正确识读	仿真学习软件应用能够让学生看到立体效果,对建筑立面的认识形象具体,解决了学生三维想象力差,及无法进入施工现场教学困扰
			1. 发布任务3:每个学生独立填写表格,对书中《某学校办公楼立面图》进行识读。 2. 随堂指导	独立识读图纸并填表	
课堂小结	环节五 评一评	10分钟	1. 教师公布答案,同桌间互相批改和讲解。 2. 教师小结,对易错点进行总结。 3. 填写评价表	识图题答案互评,填写评价表	学生间通过互相评价,达到不断提升学习技能的效果
课后任务	课后拓展 找一找	自由安排	发布Moodle学习平台练习题。 1. 完成施工员考证基础知识测试。 2. 课后,在Moodle学习平台上传一张图素内容有错误的图纸,让同学们找出图纸上的错误	手机做题	在现实工作中,图纸出错很常见,通过纠错能力的训练,可以提高学生的职业技术水平

九、教学效果

　　在本次课堂教学中,真正落实了"教师主导、学生主体"双主地位的教学模式,打破过去以教师为中心的教学方式,在教学过程中,充分发挥了学生自主学习的主观能动性,调动了学生的积极性与创造性,使学生全身心地投入到学习当中,真正把"要我学"变成了"我要学",在快乐的学习中掌握了知识

附件一:

课堂评价表　　　　　　　　　　　　　　　　　表6-2

学习内容	建筑立面图的识读	学生姓名		×××				
班级	16建工1班	组别	第四组		评价人姓名			
队长	×××			自评	互评			
团队成员	×××,×××,×××,×××,×××							
评价项目及分组	评价内容			×××	×××	×××	×××	×××
课前参与(3分)	1. 参与绘制建筑外形(2分)							
	2. 上传分享(1分)							
课堂表现(3分)	1. 是否积极参与小组学习讨论(1分)							
	2. 是否进行自主学习(1分)							
	3. 是否思考教师提问(1分)							
课中测试(2分)	课堂测试得分实际所得分值×0.4							
课后参与(2分)	是否完成,并上传视频(完成1分/上传视频2分)							
总分								

(二)"互联网+"二维四阶教学模式应用——以"建筑CAD"课程为例

1. 建筑CAD课程分析

(1) 教材分析

　　本课程选用了谌英娥主编的《建筑CAD》与《建筑CAD实训指导书》,该教材是中国建筑工业出版社出版的任务引领型教材。本教材以项目为主线、以工

作任务为驱动来编排内容，图文并茂地将理论知识融入各个任务中，在完成任务的过程中学习 AutoCAD 的相关理论知识与操作技能，并将《房屋建筑制图统一标准》GB/T 50001—2017 贯穿全文，实现了做中学、学中做。同时，为了学习的条理性，用某小区 11 号楼一套完整的建筑图纸（平面图、立面图、剖面图、楼梯详图、墙身节点大样图等）来展开学习，同时把 AutoCAD 软件、天正建筑与建筑制图有机地结合起来。

本教材分为 9 个项目，每个项目下设置至少 2 个工作任务，共计 27 个，1 个实战演练项目，每个工作任务下设置 1～2 个拓展任务，共计 28 个。

（2）课程目标分析

促进学生更好地掌握建筑识图的基本知识，熟练掌握计算机绘图的基本操作技能，熟悉国家有关建筑制图的技术标准，利用 AutoCAD 与天正软件绘制建筑工程图样。

（3）教学对象分析

该课程教学对象是中职建筑工程施工专业一年级学生，具体实践对象为我校 18 建工 2 班的学生，该班"建筑 CAD"课程由谌英娥老师教授，该课程都在计算机多媒体教室进行，本校计算机充足，能满足一人一机进行教学。

（4）Moodle 平台教学任务设计

提前将"建筑 CAD"教材上的所有任务的框架设计好，将"建筑 CAD"课程入门的 5 个任务，在 Moodle 平台上进行教学，这 5 个任务分别是"任务 1.1～任务 1.4 和任务 2.2"，如图 6-11 所示。在未来，逐步将教材上所有任务在 Moodle 平台上进行教学。

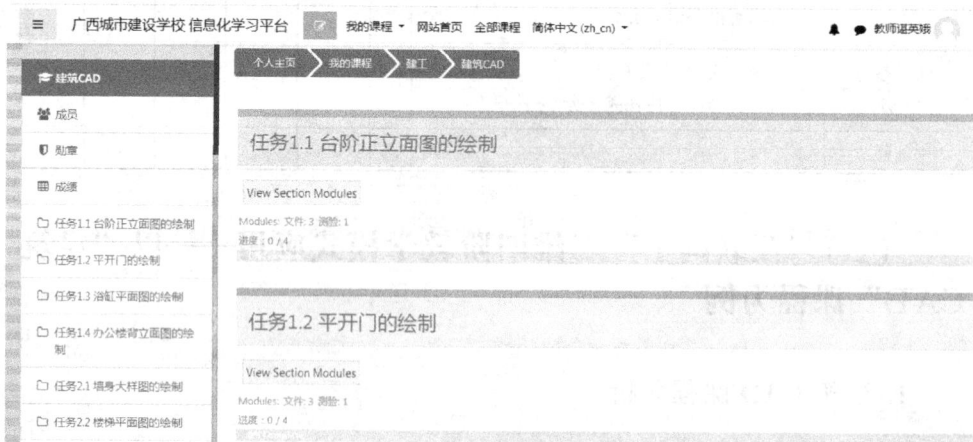

图 6-11　发布任务

（5）教学任务设计思路

每个项目分为若干个任务和一个综合项目实训任务，每个任务的设计思路为首先查看任务所属的教学项目，分析单元教学目标，然后根据单元目标设置多重训练任务，程序化任务实施步骤，制定任务考核标准，设计任务实施步骤，准备并制作好课前、课中、课后的三段式的微课和测试题，课前完成测试任务，课中观看微课并完成任务，并做好互动评价，对学习能力较强的学生要求完成拓展任务，课后完成拓展思考题并参与课后讨论，具体教学流程设计如图 6-12 所示。

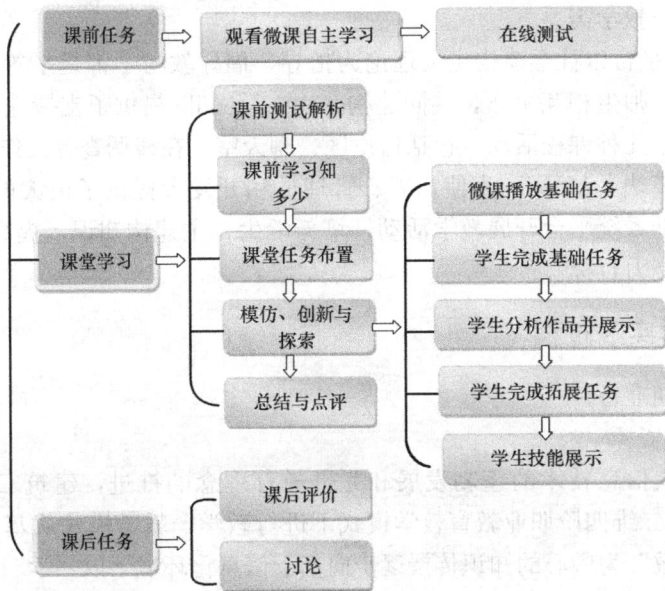

图 6-12 教学流程设计图

2. 平台的选择

在网络技术飞速发展的今天，可供我们选择的网络学习平台有很多，如蓝墨云班课、Moodle、腾讯课堂等，在众多的平台中，经过学校多方考察和实践，最终决定在全校范围内应用 Moodle 平台，主要有以下几点的考虑：

（1）应用广泛

自 2002 年澳大利亚 Martin Dougiamas 博士发布了 Moodle1.0 版本后，Moodle 得到了迅速发展，并在国际上得到广泛的应用，全世界有来自 230 个国家的 10 多万个 Moodle 注册站点，课程数达到 19934387 门，用户数达到 171684672。目前，我国已经有越来越多的教育机构开始关注、了解和使用 Moodle 平台，广泛的用户，证明 Moodle 平台有强大的功能。

（2）技术门槛低

Moodle 界面简洁、直观、功能强大，采用所见即所得的方式，Moodle 采用模块化面向对象的设计方法，本身具有极好的灵活性和可扩展性，修改和扩充十分方便。系统的管理也是模块化的，大致有系统设置、文件备份、编辑设定、用户管理、课程管理及活动记录。教师在线教学时，可根据教学特点和要求将各教学模块进行随意组合，非常方便。Moodle 的搭建基于 PHP 与 SQL 数据库，教师能够在搭建环境的计算机上建立 Moodle，按照说明，快速完成安装。由于 Moodle 体现了 Web 核心产品的易用性，因此，教师和学生只要花一定的时间熟悉操作，便能够无障碍使用。

（3）适应教学需要

Moodle 平台以社会建构主义理论为指导，倡导教与学都是平等的主体，在教学活动中，师生相互协作，共同建构知识。Moodle 提供了支持建构主义教学设计理念的十几种课程活动，包括讨论区、聊天室、在线调查等。作为可自行修改和编辑的模块，Moodle 为使用者、管理员和开发者提供了极大的选择空间，符合我们借助系统平台开展教学活动，培养学生自主建构知识，提高自主探究、协作学习的能力目标。

3. 教学实践过程

（1）前期准备

1）开发资源

随着现代信息技术的蓬勃发展和先进教育理念的推进，建筑 CAD 课程在"互联网＋"二维四阶职业教育教学模式下进行教学，教学模式从基于传统课堂教学的以"教"为中心的知识传授逐步向基于信息化环境下以"学"为中心的模式转化，这种转换需要大量的教学资源支撑，经过建筑 CAD 课程团队商议后，使用一种新型的教学资源——微课。

因为微课作为信息技术下的产物快速融入了教育资源中，能很好地改变学生的学习方式，让学习不再局限于传统课堂，成为一种随时随地都可以发生的终身行为。但是，微课的开发要耗费教师大量的课余时间，而让教师单独去开发制作课程的系列微课更是心有余而力不足。但是，若没有开发出足够多的以学习者为中心的微课资源，学生的自主线上学习就难以实现。教师如何开发微课？如何成系列地开发微课？如何对开发的微课做有效评价？本校教师组建微课开发团队，进行课程系列微课开发。

通常，我们将微课按教学方法分为讲授类、演示类、实验类、问答类、启发类、讨论类等类型。按类型选择课程进行微课开发，可以提高微课开发的效率与质量。经过团队老师商议，建筑 CAD 是演示类型的课程，按照以学生为中心的教学理念进行开发，开发出的微课主要用于学生的自主学习，很好地弥补了在计算机实训室里以电脑演示为主的课程教学的不足，将学生完成的任务做成一个个的微课，并配有动画演示、文字显示和配音讲解，形象生动。只开发出一两个微课比较难以应用于教学，因此采取这样的开发流程：用户需求分析→知识点选取→教学过程设计→素材获取→微课视频制做→微课的应用，成系列进行微课的开发。

当大量的微课资源开发出来后，就能在线上提供给学生自学思考的资源与素材，还能够给教师提供在课堂上使用的线下教学资源。

2）建筑 CAD 课程 Moodle 线上教学设计

教师线上布置任务、信息化教学课件演示、学生观看、线下学练、线上互动评价考核、总结，拓展学习讨论，多重循环，最后综合实训练习，项目完成后再进行互动评价。建筑 CAD 课程每个项目分为若干个任务，加上一个综合实训项目，除综合实训项目外，每个任务全部分为课前、课中、课后三段式进行信息化教学，每个任务完成后均需在 Moodle 上提交作业，并进行线上互动评价。最后的综合实训项目分为 3 次共 6 节课，每次课都要求学生在 Moodle 上提交半成品，以便及时掌握学生项目完成情况。最后一次课要求提交最终完成的作品，并进行互动评价。上述的"互动评价"的标准，须由教师在 Moodle 教学平台上事先制定，并采用随机互评的方式生成"你评价别人的得分"和"别人评价你的得分"，两个得分相加为总得分，评价别人越接近标准，"你评价别人的得分"才越高，避免了不按标准按照个人喜好而乱给别人打分的情况，"随机评价"最好设定每个学生必须评价 3～5 人提交的作品。最后 Moodle 教学平台将自动分析汇总得到每个学生的综合成绩，供教师在 Moodle 后台随时查阅，这也是线上线下混合式教学方式。

混合式教学方式打破了传统教学单一的"线下"学习模式，利用传统教学的优势，结合网络教学，"线上、线下"两个维度并驾齐驱。线下发挥教师的引导、启发、监督、帮助等主导作用；线上充分发挥学习主体的主观能动性、积极性和创造性，学生可以扩充课堂上没有学习到的知识点，根据自己的兴趣进行拓展思维等互动。混合式教学改变了教师的角色定位、教学方式、教学策略等。线上线下两个维度教学充分考虑到了学生的需要，并结合了教学环境的实际情况、教学内容等，以线上、线下教学模式优势互补来增强学生的认知效果。在最恰当的时间用最合适的学习方法达到最好的学习目标就是混合式教学的核心理念。

3）资源上传及网页优化

把微课上传到"建筑 CAD"课程的 Moodle 网站，经编辑优化后下发到网络上，在课前教学阶段，学生可通过手机访问 Moodle 课程网站观看教学视频进行线上学习。课堂上，通过观看教师下发的课堂教学微课进行边操作边模仿的线下学习。课后，通过手机来完成教师布置的课后拓展任务，进行线上调查测试分析，教师可根据学生的学习反馈情况对教学模式和方法实施线上改进。力争把"建筑 CAD"课程 Moodle 教学做得更完美。

（2）实施步骤

1）引入并告知任务

课前通过信息化教学平台 Moodle 布置任务，学生上课前利用课余时间用手机观看课前教学微课，并完成相关测试，Moodle 平台自动生成测试成绩，目的是为课中学习主要知识点打下基础。

2）课前任务测试分析

课堂教学中教师首先通过 Moodle 平台，分析课前测试成绩，对表现好的给予表扬，差的给予批评，给学生适当的鼓励和压力。

3）课中信息化教学

教师可统一播放课中微课，或让学生自行播放课中微课（学生自带耳机，以免互相影响），课中微课演示的任务是课堂中要求学生完成的任务。

4）学生自行学习

学生可根据自己的学习情况，反复观看微课，学做任务，教师在此起到指导和监督的作用，防止个别学生不做任务而利用网络去做与课程无关的事情。

5）学生展示

教师通过巡查，了解任务完成情况，并让完成得较好的学生上台展示任务的操作过程，鼓励学生融会贯通知识点并进行创新，采用多种方法完成任务，让这部分优秀的学生获得成就感，培养创新思维，起到模范和表率作用。

6）任务考核分析

通过 Moodle 教学平台中的"互动评价"，让学生自评、互评。当然，互动评价的标准事先已经由教师建立好，学生的评价必须接近标准，才能获得较高的"你评价别人的成绩"，最后由"你评价别人的成绩"加上"别人评价你的成绩"两者之和，得到任务的最终成绩。教师可随时掌握学生考核的成绩反馈情况，决定是否对教学过程进行调整。

7）项目任务总结

教师对本次课的情况知识点进行总结，帮助学生内化知识点，指导学生进行自我总结，或者用提问法、启发法让学生自行总结。

8）拓展任务

布置拓展任务，让学习能力较强的学生能够"吃饱"。拓展任务的设置，就是让学习能力较强的学生能够有更多的机会去练习，强化锻炼，学习能力较弱的学生可以不必完成，体现了分层教学的思想。对有能力完成拓展任务的学生，互动评价标准制定时可适当给予加分。鼓励学生努力学习专业知识，又快又好地完成项目任务。

9）课后拓展

通过 Moodle 教学平台发布课后微课，学生观看课后微课，拓展学生的思维，强化能力训练，促进知识内化，并通过 Moodle 平台发布"课后讨论"，让学生们对本项目任务的知识学习有一个互动交流，学生可通过"课后讨论"平台进行完成任务的方法创新大讨论。

（3）实施效果

实践对象的基本情况：实践对象选定我校 18 建工 2 班的学生，该班"建筑 CAD"课程由谌英娥老师教授，谌老师为建筑工程施工团队专职教师，从教 19 年，有着丰富的教学经验，教学认真负责，曾多次指导学生参加全国和全区的建筑 CAD 技能大赛获奖，也是大赛的优秀指导教师，还曾多次获得过全区微课大赛和多媒体教学大赛奖。本次实践将课程分班进行对比，将采用"互联网+"二维四阶的教学模式教学的 18 建工 2 班，与采用传统"讲授教学"法教学的其他班级进行多方面对比研究，获取的数据将用来进行对比分析研究。18 建工 2 班共有 57 人，男生 53 人，女生 4 人。

采用"互联网+"教学模式班（实践班）与其他班（非实践班）的学情对比分析如下：

学习时段：从校园网的 Moodle 网站中课前教学测试情况反馈分析，实践班普遍能在课前和课后利用课余时间观看教学视频，完成课前测试任务和课后拓展任务，非实践班则缺乏课前阶段的学习测试，尽管有课后作业，但完成率也不高，据统计，完成率约为 75%。而实践班完成课前任务至少需要 20～30min 的时间，并能激发学生对课堂教学内容的兴趣，增进对任务知识点的理解。

学习手段：通过对实践班的课前测试分析和课后拓展任务测试可以得出，能自觉完成课前观看视频和课前、课后测试任务的学生人数比率达到 90% 以上，其余在老师和班主任的督促下也能完成教学任务。课堂中按时完成任务的学生比例更高，达到 95% 以上，仅剩个别由于操作技能问题要在同学的帮助下超时完成任务。由于微课能反复观摩学习，学生的学习手段主要是利用手机和电脑自行观看视频，并跟随教学任务书逐一完成任务。而由于课前任务加深了对课中任务的练习和理解，大大加速了对课中任务的完成程度。

学习成绩：通过对 2018—2019 学年下学期期末总评成绩汇总分析，采用"互联网+"教学模式的实践班，学习成绩明显优于非实践班，有关数据及图表如图 6-13 所示。

而采用传统教学模式的非实践班，上学期期末总评成绩如图 6-13 所示。

由上述统计图表可知，实践班的优秀率和及格率都有大幅提高。"良好"分数段的学生人数也有较大幅度的提升，不及格和及格分数段人数也有大幅度下降。

解决途径："建筑 CAD"课程引入"互联网+"二维四阶教学模式，充分利用网络学习空间，开展线上和线下两个维度及教、学、查、改四个阶段的学习。

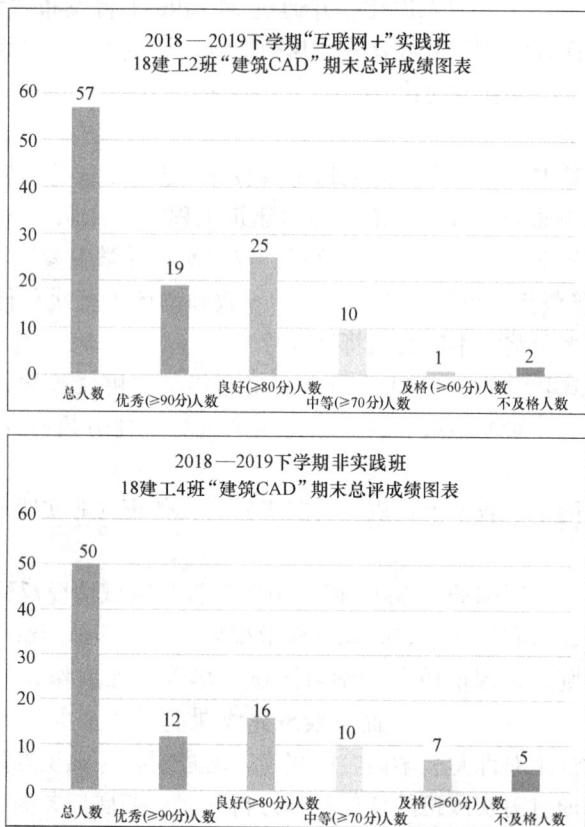

图 6-13 期末总评成绩对比图

课前线上、线下学习相结合，教师课前教学准备，为学生课前自主学习提供学习资源，同时布置课前任务和课前测试。课堂线下学习，在电脑上使用 AutoCAD 软件完成某办公楼背立面图的绘制，采取以学生自主操作为主，教师指导及学生相互解决在操作中遇到的问题为辅的学习方式，完成一个任务后，进行任务完成的展示，检查是否创新了操作方法；课后任务则是将所有图形上传到 Moodle 平台，再由同学相互评价，得出本次课的成绩，最后学生在 Moodle 平台相互讨论。

4. 改进与提高

通过利用信息化平台开展"二维四阶"教学模式，经教师试用，多次组织专业教师和相关专家听课并提出教学意见，针对意见进行修改、完善后开展深入研究，然后开始用于课程实践，选取若干个班级进行试用，试用后发现，凡参与网络课程学习的学生，普遍认为网络学习方式较为有趣，他们喜欢在平台上的讨论与聊天，顺利完成了课堂导学，部分学生使用了"问题讨论区"功能，并得到了教师的回应。因为有了非常直观的评价与评分系统，学生学习积极性高涨。

在教学过程中老师仅仅起到了引导的作用，达成知识目标和能力目标，训练了学生的自主探究、团队协作的能力。但是在整个教学过程中，学生们也提出了一些问题：

（1）由于对系统不熟悉，个别学生遇到不同程度的困难，如不会注册、进入系统后无从下手等。针对此问题，我们把网页设计得更人性化，导向步骤和提示更明确。

（2）有学生认为课程资源不够丰富，只有课件、视频、案例资料几种形式，资源种类不够全面。针对此问题，我们在提供微课、图片、PPT课件，任务书、方案等基础上，再添加了课后微课和任务指导书，根据学生提出的意见进行改进。

（3）有学生觉得测验题部分不够灵活，作答提交后系统直接给出提示，没有机会重新检查题意或修改答案。部分学生则对频繁地接受测验感到厌烦，希望能自由地浏览教学内容。针对上述问题，我们也给出了相应的解决方案。

从上述结果可以看出，开展网络教学时会面临一些实际的问题，要想从网络教学中取得实质的教学成效，则还须克服更多的困难。其主要表现为：

（1）在网络化学习环境下，要求学生有较强的学习自觉性和具备一定的自主学习能力，而中职学生在学习上普遍缺乏自觉性，因此，在网络教学过程中，需要有意识地加强教师的控制作用。

（2）实施网络教学，内容建设是关键，此次教学中学生的学习时间充分，制作的资源也够完善，网络教学才能发挥出综合效应，效果明显。可见，如何对教学内容进行合理的组织和编排，使其符合中职生的学习规律和习惯，充分体现"二维四阶"网络教学的特征，是需要进一步加强研究的问题。

5. 模式应用分析

（1）学生访谈

考虑到问卷调查所存在的不足，也为了进一步了解学生内心真实的想法，本研究进行了质性研究即以研究者本人作为研究方法，采用面对面访谈方式，对学生进行深入的整体性探究。研究者随机选取十余名学生进行访谈，对学生的回答进行记录和整理，具体内容如下。

1）学生访谈记录

问题一："建筑识CAD"课程中基于Moodle平台的二维四阶教学模式的体验如何？能否适应？

学生：我很赞同这样的学习方式，很新颖，与时俱进，符合新时代的学生授课方式，课前推送的视频有老师的配音，可以跟着老师声音边听边做，比自己看PPT更好记，印象更深刻，也不会出现上课由于一时疏忽而错过了老师的授课内容，有利于课前的预习和课后的复习，能更好地掌握课上的知识点，真心希望以后能继续采用这种教学方式。我觉得自己的适应能力还是挺好的，能够很快适应。

问题二：传统授课模式和基于 Moodle 平台的二维四阶信息化课堂教学模式，你更喜欢哪个？为什么？

学生：我觉得自己还是习惯于传统课堂，老师讲课，我只要认真听讲就行，这样比较轻松。后期运用 Moodle 平台学习，我觉得自己的神经都绷紧了，完全依靠个人的自制力，但我这个人比较懒散，所以觉得很被动，并不是很喜欢。

问题三：与传统课堂相比，你觉得基于 Moodle 平台的二维四阶信息化课堂教学模式的优势在哪里？

学生：我觉得最大的优势就是通过智能手机学习，现在每个人都有手机，几乎不离身。以前只能通过笔记本电脑来观看教师发送的课件资源，现在用手机就可以，而且还能向老师反馈问题，记录自己的学习心得。

学生：我觉得最大的优势在于方便我们预习和复习，老师推送的预习资料里有微视频，每一个知识点都讲解的非常细致，我觉得这个非常好。即便是课堂上哪个操作没记住，课下也能随时回看视频。课后的试题也能够检验自己有没有学会和理解，非常方便。

问题四：对于使用 Moodle 平台的学习过程，根据自身情况，对授课老师提出哪些建议？

学生：建议老师减少课前预习的任务量，我们班女生偏多，对数据库知识的学习困难很大，一下子很难接受和理解。

学生：建议老师提高要求，强调 Moodle 平台所记录的数据将加入期末总成绩的评定。我觉得大多数人还是比较懒散的，没有老师的鞭策，很少有所行动。这种学习方式可以督促我们，培养我们的自主学习能力。

2）学生访谈记录分析

根据访谈记录，研究者列出了几条具有代表性的回答，并对记录加以整理分析，从而了解学生真实想法。整体来说，对于基于 Moodle 平台的新型教学模式，学生的想法分为三类：喜欢、中立和不喜欢。造成学习体验不同的原因有很多，但从后期模式应用调查结果可以看出，大部分学生表示认可和接受基于 Moodle 平台的新型教学模式，表明本模式具有初步成效。

（2）教师访谈

教学模式的研究不仅要从学生角度开展调查分析，还要从教师角度进行深入了解。教师作为新型教学模式的实施者，能够深刻体会到学生的变化和模式的实施效果，从而对这种新型教学模式的改进和提高提供宝贵意见。

教师访谈记录

问题一：您认为 Moodle 平台具有哪些优势和作用？

授课教师：从教师的角度，我认为现在有了 Moodle 平台，教师要做的就是在电脑端制作课件，上传到手机然后再发布给学生，方便、快捷、易用。其次，我觉得 Moodle 平台一键上传数据的功能很好，能够把学生线上的学习行为数据全部记录下来，从而纳入学习评价系统。还可以看到试题的正确率，学生的反馈信息等，辅助教师线下教学工作。

问题二：您认为 Moodle 平台对学生有哪些影响？

授课教师：我认为最大的影响是改变了学生们习以为常的学习方式，让他们认识到学习也可以很新颖、与时俱进。现在的学生人手一部手机，课堂上就成了低头族，很少有认真听老师讲课。手机里安装的 APP 大多是 QQ、微信、微博、贴吧、游戏之类的，课下手机也只是通信娱乐的工具。在 Moodle 平台学习要充分利用智能手机，学生要在期限内完成老师布置的任务，对他们的学习也起到督促作用。

问题三：您认为本课程运用这种二维四阶课堂教学模式的效果如何？

授课教师：总的来说，对后期所开展的基于 Moodle 平台的新型教学模式的效果基本满意，与之前传统课堂授课方式相比，学生的学习效果和学习兴趣确实有所提高。课前预习和不预习所产生的效果显而易见，学生通过课前预习，对上课内容有了初步了解，课堂上能够积极讨论、小组合作解决问题，与之前相比，听课更加认真投入。对于课后的习题，大部分学生能够认真对待，并及时和老师交流沟通，学习非常上心。

教师访谈记录分析如下：

通过与授课老师的交流，得知本次新型教学模式的应用初步实现预期效果，学生的学习积极性和学习效果有所提高，大部分学生能够接受这种学习方式，并在截止日期之前认真完成老师布置的任务。老师对教学模式应用效果基本满意，并希望以后继续利用 Moodle 平台进行教学。但是也有很多问题需要解决，首先是学生的自学能力和自制力差，有不少学生仅仅应付了事，这对学生课前的学习效果不利。教师应该明确其利弊，让学生了解其重要性。其次，教师信息化理念亟待提升，共建共享。再次，部分学生学习不主动，遇到问题也不积极与老师同学交流。教师需要采取一定的策略机制，鼓励学生多问问题，问有价值的问题，增进师生之间的关系。总的来说，教师觉得此模式设计较合理，但还需要进一步改进和完善，这种新型教学模式值得应用和推广。

6. "建筑 CAD"信息化教学设计

《某办公楼背立面图的绘制》教学设计

微课名称	某办公楼背立面图的绘制	课时	2 课时
课程名称	建筑 CAD	专业类别	土木水利类
教学对象	中职建筑工程施工一年级学生	项目名称	常用建筑构件与设施图的绘制与编辑
知识点来源	项目一中的任务 1.4 某办公楼背立面图的绘制	教学类型	演示型、自主学习探究型
知识点	某办公楼背立面图的绘制过程,捕捉自、多段线、阵列命令的使用方法及操作技能		
设计思想	利用 Moodle 平台完成课前、课堂、课后三个环节的教学。 　　课前利用微课自主学习完成任务所需要用到的 CAD 绘图与编辑命令——多段线、阵列、移动、删除命令,了解这些命令的使用方法及操作技巧,然后利用手机在线测试,检测自主学习效果;课堂上学生在电脑上运用课前所学的知识与技能完成某办公楼背立面图的绘制;课后进行评价,包括自评、互评与教师评,也可进行讨论,可在讨论区提问,同学可回答,也可提出新的观点与新的操作技巧,以此来拓展提高。 　　本课程的难点是学生学习完后却不能综合性地进行图形绘制,对命令的不熟悉,导致不能灵活运用命令。因此设计了三段式微课进行学习,从课前延伸到课堂再拓展到课后,利用信息化手段全面提高学生职业能力与综合素养		

一、教学内容分析

　　"建筑 CAD"课程是中职建筑施工与建筑工程造价专业一年级第二学期开设的专业技能必修课程,选用谌英娥主编,中国建筑工业出版社出版的《建筑 CAD》。该书是全国建设行业职业教育任务引领型规划教材,全书分为 10 个项目,该微课的内容是该书中第 1 个项目中第 4 个任务"某办公楼背立面图的绘制",继续学习 CAD 的常用绘图命令与编辑命令,计划 80 分钟

二、教学对象特征分析(学情分析)

　　1. 中职建筑工程施工专业一年级第二学期的学生,具有计算机基本操作能力与建筑识图的基础知识;
　　2. 学生在电脑操作与识图能力上的差异性很大,且喜欢实践操作,不喜欢理论知识,对在信息化环境下的学习兴趣浓厚;
　　3. CAD 软件中的命令不能灵活运用

三、教学目标

知识目标	能力目标	素质目标
在绘制图形的过程中学习 CAD 的多段线、阵列、临时对象捕捉自等命令的使用方法与操作技巧	使用 CAD 的多段线、阵列、临时对象捕捉自等命令完成背立面图的绘制	1. 培养学生自主探究学习与团结协作及创新能力; 　　2. 培养学生高效、准确绘图习惯及良好的职业素养

续表

四、教学重点、难点

重点:完成某办公楼背立面图的绘制,学习捕捉自、多段线、阵列命令的使用方法与技巧。

难点:1. 临时对象捕捉中自命令的使用与在使用阵列命令时参数的设置;

     2. 观看教师操作一遍后记不住操作步骤。

难点的解决策略:

1. 在讲解教学内容前提醒学生注意操作难点,把握重点,在小结中再次点出难点。

2. 制作微课,详细讲解操作过程和方法,可以反复观看

五、教学策略与教法设计

1. 教学策略

利用 Moodle 平台完成课前、课堂、课后三个环节的教学。

课前下达三段式学习任务单,学生带着任务进入学习。观看课前微课视频后进行测试,检测学习效果;

课堂上学生在电脑上运用课前所学的知识与技能完成某办公楼背立面图的绘制;

课后进行评价与讨论。

2. 教法设计

本课程以项目为依托,采用任务驱动的方法,让学生探究,同学分小组进行合作互助学习,教师进行必要的干预指导。充分运用先进的信息化教学手段,激发学生对课程的兴趣,将一栋办公楼以仿真形式呈现出来,提高学生从三维到二维的想象力,通过课前微课学习命令,课中模仿老师的操作过程和方法来绘制图形,并在此基础上创新操作方法,再使用拓展任务让学生去探索新的任务,达到分层教学、因材施教的目的。然后学生上台展示本小组探索出来的绘图方法,引导学生最终掌握相关知识和技能,使学生在本课程完成过程中获得自我学习能力和创新能力的提高

六、教学环境及资源准备

教学环境	理实一体化教室(能进入 Moodle 学习平台)、手机等移动工具随机学习	
教学资源	运用方式	作用
微课2个, 测试题1套	播放	1. 课前微课,学生在课前进行自主探究 CAD 软件的多段线、阵列、移动、删除命令的使用方法及操作技能,在 Moodle 学习平台上观看。 2. 课前测试题,在 Moodle 学习平台上进行测试。 3. 课堂微课,学生在 Moodle 学习平台参考绘图的过程
课件1个 (PPT)	观看	教师用于课堂教学
评价表1个 (电子表格)	填写	用于学生学习过程中的评价,发到课堂学生机电脑,课后评价
学习任务单 (文本)	查看	学生课前查看学习任务,下发到班级 QQ 群

续表

七、教学流程

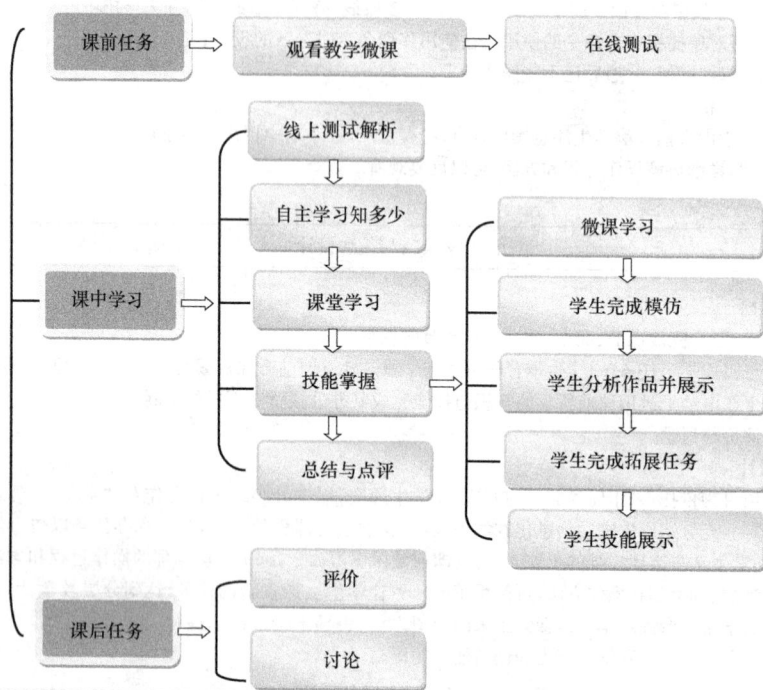

八、教学过程设计

教学环节			主要内容	学生活动	方法手段及设计意图
课前任务	任务布置		在 Moodle 平台布置课前、课堂、课后的学习任务	接收任务	明确各段要做什么？带着目标进行学习
	在Moodle平台观看微课自主学习	片头	显示上课的基本信息	观看视频	字幕及图显示"建筑CAD"教材及微课主要内容,让学生了解该课程的一些基本信息
		标题	任务 1.4 某办公楼背立面图的绘制	观看视频	动画显示某办公楼背立面图,让学生明确学习任务,在立面二维与三维图形之间切换,锻炼学生的三维想象力
		介绍命令	1. 绘图命令:多段线	观看视频自主学习	介绍完成平开门绘制需要掌握的基本知识与技能
			2. 编辑命令:阵列		
			3. 编辑命令:移动		
			4. 编辑命令:删除		
		思考	使用今天所学习的知识,你会如何绘制某办公楼背立面图	看完视频后思考	启发法,以问题的形式,引导学生思考用所学命令完成任务

续表

八、教学过程设计

教学环节		主要内容	学生活动	方法手段及设计意图
课前任务	Moodle平台测试	6道测试题	学生用手机自主进行答题	练习法,检测自主学习效果
一、线上测试解析(3分钟)		课前测试结果反馈 1. 测试情况分析 2. 测试题目解析	思考分析	演示法,通过在Moodle平台的数据,分析课前测试结果
二、自主学习知多少(3分钟)		问题: 1. 将A图快速绘制成B图,需选用阵列命令哪个选项? 2. 将A图使用环形阵列绘制成B图,阵列时的中心点选在哪一点?	根据课前自主学习的内容进行思考并回答问题	启发法,用问题引导学生思考,培养学生综合运用命令的能力
三、课堂学习(2分钟)		(一)布置任务 1. 基础任务模仿与创新:某办公楼背立面图的绘制; 2. 拓展任务探索:3个任务选择其中一个。 (二)评分细则 见电子表格评价表文件	了解本次课的具体任务及评分要求	任务驱动法:三维到二维显示任务,提高学生三维空间想象力,吸引学生注意力,激发学习兴趣
课中学习(40分钟) 四、技能掌握(30分钟)	片头	显示任务:某办公楼背立面图的绘制	观看	从三维到二维的转换,培养学生空间想象能力
	任务目标	能使用CAD的多段线、阵列、移动、删除命令进行某办公楼背立面图的绘制,并掌握命令的使用方法与技巧	观看	明确学习目标,做到有的放矢
	(一)微课播放基础任务的绘图过程与方法 任务完成过程	1. 用矩形Rec命令绘制17000×12000某办公楼背立面轮廓 ◆Rec→在屏幕上任意单击一点(确定矩形的左下角点)→@17000,12000(确定矩形的右上角点) ◆Z→A(全部缩放) 2. 用多段线Pl命令绘制4000×1500屋面楼梯间轮廓 ◆Pl→捕捉到矩形上边线的中点A→鼠标水平向右追踪→输入2000→鼠标垂直向上→输入1500→鼠标水平向右→输入4000→鼠标垂直向下→输入1500→回车退出 3. 用Rec命令绘制左下角的窗 ◆Rec→Shift+右键(调出临时捕捉命令)→单击"自"→单击矩形的左下角点(基点)→@1200,900(从基点偏移的尺寸,从而确定窗的左下角点)→@1800,1500(确定窗的右上角点) ◆O→100(将窗框向内偏移100)→单击矩形窗框→在窗框里面单击 再用L命令绘制十字线,直线的起点为里面矩形的中点位置 4. 用阵列Ar命令绘制所有的窗 ◆Ar→弹出"阵列"对话框→4(输入行数)→5(输入列数)→3000(列偏移的数据)→3200(行偏移的数据)→单击"选择对象"按钮→选择窗对象→回车→单击"确定"	学生观看任务完成的过程	演示法,课堂微课视频播放任务完成过程,若是在绘制过程中遇到问题时,可以查看该微课。学生可以反复观看,也可以跳跃式观看,由学习者自由地掌握学习进度

续表

教学环节		主要内容	学生活动	方法手段及设计意图
课中学习（40分钟）	四、技能掌握（30分钟）	（二）实践操作：基础任务的绘制，绘制完的同学可提交基础任务作品 （教师辅导，针对学生的学习情况分别进行指导）	模仿完成基础任务并有创新，同学可互相探讨，可找老师解答疑问	实践法，应用电脑操作完成任务
		（三）学生分析作品并技能展示： 分析同学的作品，并展示基础任务完成的方法 （教师根据学生的操作进行解说）	展示基础任务，需有创新	展示法，师生共同展示方法
		（四）拓展任务探索：利用电脑完成拓展任务（三选一） 教师辅导学生完成拓展任务，针对学生的学习情况分别进行指导	自行选择其中一个拓展任务	实践法，应用电脑探索任务
		（五）学生技能展示： 选择展示拓展任务完成的方法	展示探索完成后的花圃平面图的操作过程	展示法，展示绘图方法
	五、总结与点评（2分钟）	1. 小结今天的任务完成情况 2. 本次课学习阵列命令：有矩形阵列和环形阵列，通过阵列命令可以快速高效率地绘制一些有规律的图形	1. 学生观看 2. 提交任务	总结归纳法，总结学习方法和技巧
课后任务	评价	同学在 Moodle 平台上进行互相评价	完成评价	懂得如何去评价，并从中看出正确和错误的地方
	讨论	在 Moodle 平台的讨论区自由讨论	提出问题及新的方法	解决问题并拓展提高

九、教学效果

通过 Moodle 平台，课前在 Moodle 平台发布任务，学生通过手机观看微课，了解多段线、阵列、移动命令的用法，通过手机答题来检测自主学习效果；课堂上运用课前所学的命令在电脑上完成背立面图的操作（若有不懂，可在 Moodle 平台上观看此图的绘制过程），完成后，再将结果图片上传到 Moodle 平台；课后学生进行互相评价，得到各自的成绩，以评价来引导学生如何评判作品，同时得到提高。

在本次教学中，利用 Moodle 平台提供配套的学习资源，满足学生课前、课堂、课后的自主学习，课堂有足够的时间供学生操作或者同学之间互相探讨，可以解决遇到的问题，全面提高学生的操作技能与解决问题的能力

（三）实践结论与改进策略

1. 实践结论

"互联网+"二维四阶信息化课堂教学模式应用情况表明，"互联网+"二维四阶信息化课堂能够解决目前手机与职业课堂之间存在的一些问题，在一定程度上转弊为利，提高了学生的学习效果和教师的教学效果，以及学生和教师对当前课堂的满意度，满足了作为"数字土著"的当代大学生的学习需求。具体结论总结如下：

（1）学生学习有成效

通过课程的实践研究，信息化课堂教学模式中借助智能手机，来实现课前、课中和课后的有效学习。通过这样的教学形式，学生自由掌握学习时间，题目练习形式如游戏过关一样，更能调动学生学习的积极性，在学习过程中，师生互动，生生互动体现学习效果，及时反馈结果。课上没听懂的知识或者操作可以随时回看，便于复习和巩固。课前和课后碎片化学习的时间和地点比较灵活，利用智能手机进行学习，方式新颖，方便易学。与传统学习相比，能够充分发挥学生的自主性，培养其自主学习的能力，督促学生学习。

（2）教师教学有成就

职业教育课堂一直存在效率低下、学生厌学等"教"与"学"的矛盾。通过将建构主义等学习理论与信息技术深度融合，构建在教师引导下学生自主学习的教学模式，使老师经过先苦后甜的制作教学设计教案，创新传统的教学方法，从而感受到教学方法的领先性，获得教学的成就感，优化教学过程，减轻教学负担。

（3）学校改革有方向

通过信息化课堂教学，每节课、每位学生的学习效果即时体现，就像玩游戏一样得到即时反馈，为教与学的改进注入了新的动力。学生的学习过程、时间、次数等，教师的教学过程，学习平台都进行全程记录，形成教与学大数据分析，教学过程透明化，从而得出课程整改的方向与目标。通过不断的诊断与改进教学过程，促进学校工作的全面推进。通过探索"互联网+"二维四阶信息化课堂教学模式，让学校全面掌握教与学的全过程，确立教学改革的方向，创新教学方法，提高学校人才培养质量。

2. 改进策略

"互联网+"二维四阶信息化课堂教学模式在具体的实施过程中还存在一些

问题，为了保证基于移动设备的教学模式能够在职业学校内有效应用，作为此模式的实施要素，教师应注意以下几个方面：

（1）从学生角度出发进行教学设计

不合理的教学设计会加重学生的学习负担，产生负面影响，还会影响教师教学过程的顺利开展。这就要求教师在进行教学设计的时候要把学生因素考虑进来，从学生的角度出发，仔细分析学生的一般特征、初始能力和学习需求。根据教学内容合理设置学习任务，教师应着眼于为学生提供适当难度的教学内容，调动学生的积极性，充分发挥其潜能，从而超越自我达到下一发展阶段。

（2）加强对学生学习效果的监管

根据实践过程，学生课前和课后的学习态度和学习效果有待提升。通过对学生访谈，分析其产生原因主要有两点，一是部分学生习惯于传统课堂教学方式，不喜欢新事物，觉得占用自己大量的课外时间。二是学生的学习无人监管，虽然每个学生的学习情况教师会及时监测，但对于学生来说并不能起到多大效果，学生的自主性较强，自控力不足，教师需要采取一定的措施加强监控。

（3）提高教师信息化教学能力

"互联网+"二维四阶信息化课堂教学模式要求教师：首先要具有信息化意识，转变理念，教师应及时转变自己的角色，对学生的学习活动进行指导、组织和协调，注重培养学生自主学习和合作学习的能力。其次要具有较强的信息化教学能力，在如今这个信息化时代，一个教师如果不具备良好的信息素养，不能熟练使用信息化教学工具，就很满足学生的学习需求。最后还有具有扎实的教学设计的基本功，设计更多有趣新颖的活动环节，才能吸引学生学习。这就要求教师熟练使用各类学习工具和软件，培养数据意识，掌握相关数据处理技术，提高信息素养。

（4）制定信息化课程建设方案

开启一个新的教学方法，需要转变教师的惯性思维，克服教师的惰性，由于教师的教学资源不足，教学设计单一，无法适应"互联网+"二维四阶信息化课堂教学模式。需要从学校层面建立制定信息化课程建设方案，组建教学团队，分层、分段、分任务建立学习平台上的教学资源，并组织教师积极开展信息化课堂教学，才能更好推动信息化课程落地。

（5）加大信息环境经费投入

"互联网+"二维四阶信息化课堂教学模式需要相应信息化教室的软、硬件配置，才能正常运行。首先学校应建立统一的学习平台，保证网络的全覆盖。其次要具备开展信息化课堂的一体机，便于教学开展。最后学校信息化教学和管理同步推进，进一步促进师生信息素养提升。

第七章 ▸▸

总结与展望

（一）总结

《国家中长期教育改革和发展规划纲要（2010—2020 年）》明确提出："把育人为本作为教育工作的根本要求。关心每个学生，促进每个学生主动地、生动活泼地发展，尊重教育规律和学生身心发展规律，为每个学生提供适合的教育。"在学校教学组织发展的过程中，人们一直在探寻一种既能实现规模教学又能实现学生个性发展的教学组织形式。在这个过程中，随着 2015 年"互联网＋"行动计划纳入国家战略，在知识社会创新 2.0 推动下，互联网与教育的互动与演进必将打造出更加开放的教学环境，催生出教学模式的崭新样态，在数字化、信息化、智能化的教育环境下促进学生全面自由的个性发展。因此，"互联网＋"背景下教学模式的演进与发展值得关注和反思。

本课题通过整理和挖掘"互联网＋""互联网＋教育""互联网＋职业教育"、教学模式等相关理论概念，梳理"互联网＋"下的混合教学模式发展历程，结合教学实践研究，发现需要重构现有的教学模式，利用互联网平台和信息技术，将优质的网络教学平台和传统实体课堂教学深度融合，设计和构建了基于混合教学理论、建构主义学习理论的"互联网＋"二维四阶信息化课堂教学模式，明确了实施"互联网＋"二维四阶信息化课堂教学模式的实现条件，并提出关键条件的构建策略。通过建立信息化教室，制定了网络学习空间建设方案；制定了"三个层面三个阶段四种途径"教师信息化能力培养方案；制定了转变学生学习方式的干预策略。实践总结提炼了"互联网＋"二维四阶信息化课堂教学模式运行设计，实现了让学生学习有成效，让教师教学有成就，让学校改革有方向的实践目标。

（二）研究创新点

1. 学习环境创新

从传统课堂环境到信息化课堂环境，课堂学习环境发生了质变。其主要体现在四个方面：教学内容、师生互动、学习行为、技术支持。

在教学内容上，不再是单一的书本内容或 PPT，教师课前就可以通过移动设备给学生推送各种媒体资源，让学生提前预习，课上再有针对性地讲解，这样大大提高了教学内容的传达效果。在师生互动上，体现多元互动，信息化课堂的互动性主要体现课堂的前、中、后三个阶段，包括课前预习、课中互动和课下练习反馈。在学习行为上，传统课堂学生的学习行为仅仅发生在课堂上，而信息化课堂却不同，学生借助移动设备，将学习活动扩展到了课前和课后。学习平台能够储存课前、课中与课后的所有学习行为数据，教师可以根据行为数据对学生学习进行评价和改进教学。信息化课堂通过相关软件、技术，分析课堂情境，判断学生所需，为实现学生的个性化学习提供了条件。

2. 教学模式创新

随着社会的发展、科技的进步，现阶段的教学模式已经无法解决当前职业院校教学效率低下的"痛点"，职业教育发展对新型教学模式的需求越来越强烈。"互联网+"二维四阶信息化课堂教学模式是教育理论与信息技术深度融合、教师主导下的学生自主学习的新型课堂教学模式。该模式聚焦日常教学课堂、聚焦学生、聚焦融合，通过该教学模式可以让学生自主学习有成效，互动学习即时得反馈，让老师教会学生有成就，创新教法获得更大的教学动力，在教与学的过程中，通过大数据分析，使学校可以及时掌握教学现状，明确教学改革的方向。在新一代信息技术的支持下，实现教育的在线化、数据化、可视化和个性化。

（三）研究展望

充分利用新技术来转变课程的教学方式对职业院校教师来说是一个严峻的挑战，同时对提高学生的自主学习能力和学习效果产生至关重要的影响。关于"互联网+"二维四阶教学模式的研究以及应用尚在实验应用阶段，研究也有诸多待完善之处及改进之处。本研究侧重实践应用研究，对"互联网+"职业教育教学模式的理论研究有待深入，对传统课堂与信息技术深度融合的理论基础还有待深入研究，信息化课堂组织的多样性有待进一步挖掘和整理。

信息化课堂教学模式的本质是为了促成学生的自主学习、个性化学习，教与学是相互影响相互作用的。现阶段，二维四阶信息化课堂教学模式在部分学科课程中运用，随着教学理念以及现代科技技术的更新发展，探索具职业院校特色的"互联网+"教学模式将成为热点。

总之，通过本研究，我们在"互联网+职业教育"教学模式的研究领域做了一些新的尝试，希望能起到抛砖引玉的作用。随着人们对"互联网+职业教育"

的日益关注，"互联网＋职业教育"背景下的信息化课堂相关研究越来越多，将涌现更多的研究成果。

人与技术的共同进化倒逼教学模式的进一步变革，"互联网＋"二维四阶信息化课堂教学模式的探索也不会成为终点站。现阶段，中等职业教育混合式教学模式已经在部分学科课程中运用，随着教学理念以及现代科学技术的更新发展，探索具有学科特色的"互联网＋"教学模式将成为热点。技术时代的教育变革是一个正在敞开的领域，学生学习方式的转变和信息素养的提升问题，无论是理论的分析与论证，还是实践的解释与指导，都需要职业教育工作者深入探讨和全面推进。下一步，我们将加强与兄弟职业院校的交流合作，实现教学资源的共建共享，全面推广信息化课堂教学，提高教学质量，培养更多技能型人才。

附录 ▶▶

课题研究期间公开发表论文

1. "互联网＋"职业教育教学模式分析

崔永娟 陈静玲

一、职业教育教学模式

职业教育是指让受教育者获得某种职业或生产劳动所需要的职业知识、技能和职业道德的教育。职业教育的目的是培养应用人才和具有一定文化水平和专业知识技能的劳动者，与普通教育和成人教育相比较，职业教育侧重于实践技能和实际工作能力的培养。这种教育的主要目的是提高劳动者的文化、技术、业务水平，以适应各种职业所需要的熟练劳动力和专门人才。职业学校教育是学历性的教育，分为初等、中等和高等职业学校教育，其中，职业高中、技工学校、中专等学校教育属于中等职业学校教育，学生毕业经考核合格所颁发的是相应层次的学历文凭。

与其他的教学模式相比，职业教育教学模式对个人的综合能力要求较高，我国许多的职业院校不断地结合社会对人才的实际需求，立足于人才成长的实际现状，结合各个岗位的职业划分对人才进行高效的培养，保证自身所培养出来的人才更好地适应于社会的需求，在不同的岗位之中贡献个人的作用。职业教育与基础教育是两个完全不同的教育模式，在市场经济之中各个岗位的划分越来越明确，另外不同岗位的职责也越来越专业。因此对于我国的职业教育来说，除了需要保证人才能够掌握基础的理论知识以及学科学之外，还应该积极通过线上线下资源的优化配置和利用来探索出一条与众不同的现代化职业教育教学模式，对学生进行针对性的培养以及教育。

从目前来看，在"互联网＋"时代之下的各种职业教育教学模式实现了线上平台的有效建立，采取线上线下交替进行的混合式教学模式来真正地为学生营造良好的学习和成长环境，这种全新的教学模式不仅能够站在时代发展的角度对学生进行有效的引导，突破应试教育的不足，还能够真正地实现不同教学模式之间的有效组合，保证教学资源的优化配置以及利用。

二、注重资源整合与教学环节之间的有效对接

"互联网＋"时代之中各种教学资源能够突破时间和空间限制，在更广阔

范围之内进行有效的传播，这一点对于我国的职业教育来说是一个极大的契机。为了保障自身的教育模式更好地符合时代的需求，真正地为各行各业培养出高素质的复合型人才，职业院校必须要注重资源整合，立足于各个教学专业的实际需求实现不同教学环节之间的有效对接。其中，天津电子信息职业技术学院在基础会计资源授课的过程之中，以资源共享课程为立足点，根据不同课程之中的重点以及难点进行微课程的制作，将每一个视频课程的时间控制在十分钟之内，鼓励学生通过线下学习的形式来进行有效突破。这种教学模式以互联网资源为立足点，积极地挑选一些与教学大纲相关的优秀教学资源，结合现有的课程大纲以及理论教材进行有效的组建，从而形成高质量的课程学习资源。教师在前期备课的过程之中需要通过资源整合的形式鼓励学生在线上完成相应的课前预习，保证学生能够形成良好的学习习惯，更好地掌握不同课程之中的学习规律。

学生在线上学习的过程之中能够通过课前预习以及课后反复练习的形式自主突破学习过程之中的重点和难点，其中教师可以在教学大纲以及教学计划的指导之下，采取柔性设计的形式突出教学过程之中的侧重点，严格按照学生的学习情况以及学习进度进行有效的设计。

不同专业的教学环境以及资源整合要求有所区别，老师需要保障学生在掌握专业基础知识的前提之上，通过课后的微课程学习来针对性的提高个人的综合实力，在完成前期的课前预习之后，老师可以在课堂教学中结合学生问题解答的实际情况对学生进行主动引导，鼓励学生积极地参与各种课程训练，在不断训练以及自主学习的过程之中提高个人动手实践操作能力。除此之外，老师需要在课堂实践的过程中为学生提供更多动手实践的环节以及机会，鼓励学生将自主学习与小组内部学习相结合，只有这样才能够真正地实现实践动手能力的整体提升。

（1）线上线下学习环节的有效结合。

在信息化时代之中，学生获取信息的渠道越来越多，只要拥有一个电子设备，学生就可以获得丰富的学习资源。为了对学生进行主动引导，鼓励学生充分利用各种线上线下学习平台提高个人学习成绩，老师首先需要对学生进行深入的分析，了解学生在不同学习环节之中的具体表现，将线上线下学习环节视为一个整体，通过相互补充的形式来有效地解决学生在学习过程之中的各类难题。比如在建筑工程施工专业的基础课程"建筑识图与构造"的学习过程中，老师可以引导学生将建筑识图技能与建筑识图构造的基础知识相结合，以培养学生的实践能力为基础，鼓励学生在线上线下学习的过程之中了解构造知识、识图方法，学习建筑识图基础知识，积极地通过尝试阅读不同类型的图纸提升读图技能。

线上线下学习环节涉及许多不同的内容，其中线上学习内容更为复杂，老师在设计相关的内容以及课程时，首先需要结合课堂教学的实际情况有效地突破课堂时间的有限性，积极地提高学生的课堂学习效率。其次，在学生完成相应的自主学习之后，老师需要结合现有教学资源利用的实际情况，通过线上线下之间的有效互动来弥补线上课堂之中的不足。

要想在"互联网+"时代之下实现职业教育教学模式的有效革新，职业院校的老师需要保障学习内容和教学手段的直观性，实现学习内容设计的针对性，通过师生互动来保障学生更好地掌握不同知识之中的侧重点，有效地提高学生的学习效率，鼓励学生积极主动地参与各种学习活动。其中老师需要求学生在线上学习的过程中结合个人的实际需求进行重点突破以及主动授课，通过这种形式来更好地满足学生的个性化需求，实现不同学生的全方位发展。

（2）注重交流平台的组建。

"互联网+"职业教育平台有很多种类，尽管各种线上学习平台受到了社会各界的许多好评，但是整体市场良莠不齐。对于中高职院校的学生来说个人的自主选择、学习能力还有待提升，因此在线上学习的过程之中缺乏一定的主观能动性，无法掌握线上学习的技巧以及精髓。无论是云课堂、雨课堂、腾讯课堂还是在线直播课堂，学校需要借助先进的企业技术让老师结合不同课程授课的实际需求，通过把握教学大纲重点、难点，来积极地建立适合本校本专业学生线上线下交流平台。老师应鼓励不同层次的学生在该平台中进行主动交流以及互动，采取主动学习以及互相探讨的形式来进行前期的预习，充分地发挥学生的优势，保证学生能够在不断学习以及探讨的过程之中提高个人的综合实践动手能力以及思维逻辑水平。另外老师也需要站在更加宏观的角度对学生进行有效引导，加强与学生之间的交流以及互动，为学生指明方向和道路，通过在线解答的形式来为学生提供力所能及的帮助。

（3）有效落实线上教学的分析和检验环节。

在线上线下学习的过程之中，老师可以结合每一位学生的学习进度以及学习能力分配相应的学习账号，随时随地地检查学生在线学习的具体状态，分析学生的答题准确率以及学习的效率，通过对不同学习指标的有效划分来更好地了解学生的知识掌握程度，从而在课堂教学的过程之中进行针对性弥补，突破学习过程之中的各类重、难点。老师还需要对学生的学习情况进行有效的检验，分析学生在学习过程之中所存在的各类不足，通过建立数据库的形式来及时地跟踪学生的学习状态。不可否认，检验环节能够帮助老师在实际授课的过程对学生的困惑之处进行针对性的教学，促进课堂效率和课堂质量的提升。

另外，不同的职业教育教学模式在内容以及形式上差别较大，老师需要积极地促进该环节的有效落实，将教学检验与分析环节相结合，并将这种教学方法推广到其他专业课程的授课之中，从而对学生的最终学习成绩进行客观且综合的评价，保证学生能够结合最终的评价结果对后期的学习进行针对性改进，在挑选学生参与各种技能大赛以及企业实习时也可以最终的检验结果作为重要的参考标准，为更多优秀的学生提供动手实践操作的机会，鼓励学生实现个人的全方位发展。

（4）实现反馈环节与效果诊断环节有效结合。

在突破职业教育教学模式的过程之中，要想真正地实现不同教学模式作用的有效发挥，促进线上线下教学资源的优化配置和利用，老师必须要立足于学生学习的实际情况，将学生学习效果诊断和解决反馈环节相结合，有效突破单一评价环节的桎梏以及不足，将期末考核评价与期中考核评价相结合，更好地了解学生的实际学习效果。老师还需要结合线上线下学习动态数据的最终分析结果来为学生出具相应的学习诊断报告，为学生后期的学习指明道路和方向，站在更加宏观的角度对学生进行综合检查的评价。

另外在学生在线学习的过程之中，老师还需要借助信息化平台进行及时反馈，让学生了解个人的学习以及答题情况，从而及时地掌握个人在学习过程之中的各类难点以及不足之处，老师需要根据学生的具体表现对学生进行针对性的引导，分析各种教学模式在实践过程之中所取得的具体效果。这种互相反馈的形式不仅能够实现教学资源的优化配置和利用，还能够真正地实现教学模式的与时俱进，保障学生在在线学习以及线下学习的过程之中了解个人的不足，从而进行有效突破以及改进，实现学生的全方位发展以及整体提升。

2. "互联网＋教师发展"职业院校教师专业能力新要求浅析

崔永娟　苏桂明　谭丽丽

引言：随着 21 世纪信息时代的火爆来袭，在"互联网＋"背景下我国的发展政策也发生了很大转变，从中我们不难看出互联网技术在影响着时代的变革和创新，它同样也在影响着我国职业院校的教育理念和教育技术。李克强总理在 2015 年的 3 月 5 日第十二届全国人大三次会议中就有提出关于"互联网＋"的行动计划。其目的是为了让我国多家院校主动成立教师发展中心，并进一步强调教师的工作使命，因为教师的专业发展会直接影响职业院校的教育质量。因此，职业院校需要在互联网背景下及时成立教师发展中心，并对教师的综合素质、专业技能进行更深入拓展，也要对教师的专业发展问题进行深入思考和研究。

一、"互联网＋教师发展"职业院校教师所面临的困难和挑战

1. 教师的教学方式、专业发展面临着同质化困境

在"互联网＋"时代背景下，资源共享就成为教师在开展教学过程中不可或缺的一部分，而职业院校的每个专业教师都可以在网络中搜索到丰富的教学资

源，它可以帮助教师更顺利地开展教学课程。然而大部分的资源内容都是一致的，缺乏了它独有的特质，所以当不同专业的教师重复利用这些教学资源时就使得每个教师的教学方式、教学风格都开始变得同质化，这种没有特色的教学模式也会渐渐让学生失去兴趣。另外，教师通过现代化信息技术也可以搜索到自己喜欢的知识内容，虽然表面上看这些知识可以开拓教师的视野，丰富教师的内涵，但毕竟每个教师的精力和时间都比较有限，而这些知识点也会随着时间的消磨变得零散、碎片化，从而导致这些知识内容无法形成一个专业的、系统化的知识体系，外加大部分教师每天的教学任务都比较繁重，如果教师花费大量的时间和精力去探索这些零散的知识内容，不仅会影响正常的教学进度，也会阻碍教师的专业发展。

2. 教师在选择教学资源上变得日益艰难

互联网所呈现的教学信息是非常广泛的，正因为它的姿态多元化，所以就容易使得教师在选择教学资源时面临着很多困境。互联网的快速发展让成千上万的教学资源一拥而上，而这种成堆式、爆炸式的增长趋势容易让教师偏离教学主体，然后选择了一些实际上并不符合教学目标的学习资源，这样一来无疑会影响教学成果。除此之外，这种大量的信息资源也会让教师的期望值逐渐下降，因为这参差不齐的学习资源很难把所有知识点集中到一起，所以这些琳琅满目的教学资源不仅浪费了教师很多宝贵的精力和时间，也甚至让他们忘记了选择这些教育资源的目的是什么。

3. 教师难以适应新设备、新技术

互联网时代的焕然一新也让信息技术的发展呈现了日新月异的状态，无论是新的教学设备还是新的教学软件，对于很多教师来说都在面临着一个新的困境，如何合理、规范地使用教学设备、较好地运用教学软件对于他们而言就显得十分困难，以至于很多学校都会找专业的人士或者企业来做这些事情，这样不仅浪费了学校过多的教学成本，也使得很多教师无法跟上新时代的发展脚步去提升自己的专业能力。因此，对于职业院校来说如何培养和提升教师的计算机应用水平、软件的应用能力以及课件的制作能力是当前需要解决的问题。

二、在"互联网+"教师发展背景下，职业院校教师如何提升自身的专业能力

1. 加强计算机技术的学习和运用

除了资深丰富的专业知识是推动教师发展的重要基础之外，专业技能水平的好坏也在影响着教师的职业发展。在任何一门课程的教学情境中，要想达到教育目标首先就需要教师敢于面对新技能的挑战。在"互联网+"背景下采用多元化的教学模式、丰富的教学资源就能实现教师的教育目标。另外，作为"互联网+"新时代背景下的职业教师，也需要打开互联网思维模式去建立全新的教学思想和教学氛围。可以根据学生的优势特点去开展一些文化节、技能大赛等活动，

这样不仅能有效培养和提升学生的专业技能，也能通过这些平台去展现教师的更多才能，展现自己的独特魅力。最后，教师也要掌握更先进的信息技术，比如在课堂中使用 TPACK 框架就能帮助教师实现教学上的创新与应用。

2. 善于利用信息技术去对自身的教学进行提升

对教学课程进行反思可以让教师专业能力的成长速度更快，美国心理学家波斯纳就曾提出一个教师的成长离不开反思，尤其在"互联网＋"时代背景下，教师在开展课程教育的过程中都需要借助丰富的信息技术去实现教学计划、丰富教学内容，而信息化技术手段就能促进教师对自身的教学模式、教学内容进行反思，从而帮助教师获得更多的启发。不仅如此，教师反思的方式也是非常丰富开放的，无论是通过微博、博客还是微课等平台，都能让教师的反思活动顺利进行，弥补教学中的不足。

3. 提高服务意识、发挥教师的德育精神

在"互联网＋"时代背景下，职业教育就更加倾向于社会服务，且所提供的社会服务形式也是丰富多样的。例如学校为大学生所提供的就业、创业服务就能挖掘学生身上所存在的各种潜力和优势，学校也能利用自己的资源和优势去为学生开辟更多的创业渠道。这些所传播的就是教育思想智慧，从而让学生能深刻体会到专业知识的魅力。总而言之，满足学生的发展需求才是教师发展成功的前提，而教师的专业发展也不仅是个人的事情，也是学校、学生、企业需要共同支持的事情。除此之外，职业院校教师也要在发展过程中不断发现新问题，并用积极的心态去迎接新的技术挑战，最终实现自己的专业发展目标。

三、总结

综上所述，在"互联网＋教师发展"背景下，新技术对教师专业发展所产生的影响是不容忽视的，为此职业院校教师不仅要提高自身的专业知识，也要积极学习并掌握新的信息技术，也要善于在教学中不断总结经验，弥补不足，最终提高自身的综合能力，为教育领域献出更多力量。

3. "互联网＋"职校学生学习方式的研究综述

黄永乾

一、关于"互联网＋"的研究

1. 从"互联网＋"的概述入手展开研究

国内学术成果的研究主要包括"互联网＋"的发展现状、发展方向、发展中存在的问题、发展趋势等方面。工信部电信研究院总工程师余晓辉（2008）曾在《技术业务发展催生移动互联网》一文中，从移动互联网的发展轨迹、特性及其发展模式这三个方面对移动互联网的技术发展做出了评析。他在研究中指出互联网在产生巨大发展机遇的同时，在网络安全管理方面面临新挑战，应引起高度重视，加强互联网信息、网络文化管理，以及青少年网络沉迷、用户隐私、欺诈与犯罪行为防范等重点领域的监控。

2. 从"互联网+"的关键技术进行研究

这方面的研究主要包括移动互联网的应用技术和通信技术方面。罗军舟（2011）在《移动互联网：终端、网络与服务》一文中从移动互联网在移动终端、接入网络、应用服务等方面对移动互联网的发展进行了分析与讨论，介绍了移动终端节能和定位的研究现状。

移动互联网作为学术界关注的热点，它通过任何可移动通信终端，实现了人类沟通和数字化生产的解放。郎为民（2012）在《新型移动互联网关键技术研究》一文中，结合移动互联网发展历史的回顾和演进趋势的预测，对移动互联网的终端制造、硬件平台、软件平台、网络服务平台、应用服务平台和网络安全控制六大关键技术的构成和分类进行了介绍。

3. 从"互联网+"对某一群体（尤其是学生）的影响切入展开研究

互联网过度使用会对学生的社会能力产生一定的影响，姜永志（2015）的《互联网依赖与高职学生社会交往能力的关系》一文中对 442 名大学生进行分析，指出"互联网+"时代的学生没有自信面对现实的人际交往，采取逃避现实的方式，沉迷于虚拟的网络世界，从而疏远与家人、朋友和社会的互动，一旦对互联网产生心理依赖，对青少年的社会心理与行为将产生负面影响。

董海军（2014）的《青年的屏幕媒介：从电视、电脑到智能手机》一文中，以青年群体的特征、屏幕媒介的亲和性为切入点，介绍了屏幕媒介的正反两方面的功能，分析了青年群体手机依赖对身心带来的不良影响。

4. 从"互联网+"对教育模式的创新展开研究

科技创新和技术进步在改变人类教育的途径中发挥着越来越重要的作用，对教育行业的从业者、创业者和研究者来说，这是教学模式改革的最好年代。赵姝淳（2014）的《移动互联网技术在教育领域的应用》一文，分析了移动互联网应用具有接入移动化、终端多样化、用户大众化、时间碎片化和永远在线等特点，移动互联网具有交互式教学、促进社会化学习的发展、进行移动办公与管理、建立移动数字图书馆等功能，为教育信息化发展提供了新的手段。

罗慧（2013）的《移动互联网时代教育新方式的探索与展望》一文，重点介绍了电子书与教育类 APP、在线教育、虚拟现实等全新的教育新模式，大数据、游戏化以及社交媒体等技术、教育方面的创新。对未来移动媒体教育产品的跨平台多端合一、情景式互动式、碎片化、个性化、游戏化、社交化六大特征进行了详细阐述。

这些研究一致认为移动互联网技术在大规模开放课程、碎片化移动学习等方面的广泛应用将成为未来教育发展的重点。

二、关于"互联网＋"对职业院校学生影响的研究

截至 2017 年 10 月，笔者以"互联网＋、职业教育、学生"为关键词通过中国知网（CNKI）搜索国内相关文献，共检索到 370 篇研究论文。其中研究的重点主要集中在以下三个方面：

1. "互联网＋"对职业院校学生思想道德的影响

在互联网日趋普及的今天，移动互联网对职业院校学生的思想道德影响受到学术界的高度关注，比如，陆晓红（2014）在《手机媒体对高职学生思想政治教育的影响及对策研究》中指出，移动通信设备成为网络信息时代人们传递正能量的新平台和新方式，在"互联网＋"时代下成长起来的微公益，借助强大的社会力量，传递微公益活动，发起人的爱心和道德责任感，所发挥的正能量能很好地培育当代大学生的道德责任感。

但与之相对的，有研究者认为在互联网信息的传递中，职业院校学生易受良莠不齐的网络信息蒙蔽，影响其是非判断能力和行为准则。熊龙雨（2012）在《移动互联网环境下中职学生思想政治教育研究》中指出，互联网充斥着色情信息、暴力、犯罪等负面内容，由于中职学生处于心理成长的特殊时期，难以辨别复杂网络信息的真实性，对其健康成长产生极为不利的影响。

2. "互联网＋"对职业院校学生心理和社交的影响

互联网强大而及时的互动功能，使人们的交往形式、方式变得多样化。微博、QQ、微信等社交互动软件摆脱了传统的 PC 端，扩展延伸到移动设备上，满足了学生随时随地交流的需要，增加了交往的机会，尤其在学习过程中提高了师生交流的成效。学生采用邮件、QQ、微信等互动交流平台向老师反映问题或寻求帮助时，对于与老师面对面交流羞涩、胆怯的职业院校学生来说，移动设备可有效改变这一状态，对新时代的人际交往具有非常重要的促进作用。然而，任何事物都具有双重性，互联网虽拓展了人与人之间交流的手段，同时也削弱了学生间的情感联系，造成人际交往障碍。

长期依赖互联网与他人交流的学生，沉浸在互联网所营造的虚拟世界中，沉迷于移动设备的便捷与多媒体功能，他们因缺乏主动的人际交往，缺乏对自我的正确认识，长此以往会产生逃避现实、迷失自我等心理问题。王亚芹（2014）的《手机媒体与高职学生人际交往实证研究》中指出，过多依赖移动设备进行人际交往的大学生们，有时只挂着手机 QQ 聊天，对身边的朋友视而不见，人情淡漠；麻木地浏览微信朋友圈，一味点赞，缺少正常的沟通和交流，这种"伪亲密"的现象反而加剧了高职学生的交往负担。

3. "互联网＋"对职业院校学生学习的影响

一方面，移动互联网促进了职业院校学生的自主性学习。学生借助移动设备，搜索与接触一些未曾触及过的知识或领域，极大地开阔视野，构建自己的知

识体系。据詹宇河（2013）的《智能手机对高职学生学习的影响及对策分析》研究显示，很大部分学生对手机上的学习应用软件产生极高的兴趣，学生可利用各种学习应用软件进行移动学习，不必拘束于课堂教学模式，通过网络与信息技术进行资源共享，促进同学之间的相互交流，消除了学生对学习的抵触情绪，不仅发挥其在学习过程中的主体地位，也增强了学习的趣味性，学习效率也随之提高。

另一方面，由于移动通信设备信息具有强制性，只要设备接入互联网，用户不得不接收来自各种 APP 或社交平台的信息，各种信息的干扰分散了学生的课堂注意力，降低了学生的学习效率，影响了课堂的教学效果。蒲芸芸（2015）在《手机对青少年学习生活的负面影响》的研究中指出，移动设备便利的上网功能，使职业院校学生在课堂中或自习的时间使用移动设备上网玩游戏、看网络视频，有的甚至利用其在考场作弊，造成学生诚信的缺失。

同时，由于移动终端的便携性和信息获取的快捷性，部分职业院校学生在遇到问题时常借助搜索功能获取答案，退化其独立思考问题的能力，这种思维依赖性导致学生不爱动脑筋、思维钝化。

此外，由于移动设备受其屏幕尺寸、用户可持续时间的限制，文章篇幅一般简短，学生长期接触碎片化信息，容易将复杂的事情简单化，往往只看事物的表面，却不去探寻事物背后的原理，以及事物之间相互的联系，这将弱化其对复杂事物的思考能力。

综上所述，当前"互联网+"对职业院校学生学习方式影响的研究尚处于起步阶段，在现有相关文献中，还存在研究不够系统，不够深入等问题。目前信息技术应用于教育领域正处于迅猛发展阶段，所产生的新问题也层出不穷，关于其对职业院校学生学习方式的影响仍需要进行深入和系统的研究。

4. "互联网+"视域下中职学校语文教学探讨

李运瑜

语文是一门基础性的课程。通过语文的学习，学生可以更好地认知、理解和接受其他课程。然而，中职学校是培养学生专业技能与专业知识的院校，因此，语文教学长期处于被忽视的地位，学生不爱学，教师不想教，其教学质量和水平可想而知。然而，当今的企业越来越重视人才的综合素质，为了补齐这个短板，中职学校必须抓住"互联网+"这个契机，思考如何能让网络技术改变中职语文课堂，掀起语文教育的深刻变革。

一、"互联网+"为中职语文课堂提供更为丰富的教学素材

中职学校语文教学的主要内容还是依据教材展开的，而教材的编写却有一定的滞后性。一般而言，一套教材至少要使用 5 年以上，明显是与时代的发展脱节

的。而且，不同地方的教材编写还具有差异性，尤其是在以培养专业的技能型人才为目标的中职学校，语文这门注重人文性、基础性和综合性的课程，往往沦为边缘学科，难以受到学生和老师及中职学校领导的重视。

在互联网遍及生活的每个角落的今天，在智能手机、笔记本人手一个的现在，学生们都习惯了随时上网获取最新的知识和信息。因此，我们的中职语文课堂也要从互联网入手，不断地更新和扩充教学内容，以适应当代学生的求知需求，既要教会学生系统的语文知识，又要培养他们运用互联网学习的能力，并将语文学习目标与中职院校的学生培养目标相适应，增强语文学科的工具性和审美性的特点，激发学生学习的热情和兴趣。

二、"互联网＋"为中职语文课堂提供更为现代的教学手法

一直以来，中职语文的课堂氛围都是为人所诟病的，教师照本宣科，学生爱答不理，或专注玩手机。究其原因，一是中职学生基础较差，缺乏自律，对语文这门基础课程不重视；二是教师的教学方法落后、教学手段陈旧，营造的枯燥课堂氛围难以引发学生的学习积极性，导致语文教学陷入恶性循环。虽然，某些学校增加了多媒体教学工具，一定程度上增加了课堂的丰富性，然而许多教师仅仅满足于将多媒体作为传统板书的替代品，不能发挥多媒体的真正效用，教学效果不理想。

"互联网＋"理念的引入给中职语文课堂带来了冲击和挑战。在这种形势下，语文教师必须顺应新时代的要求，积极地更新教学理念，充分运用网络技术和工具，创新和改进教学手段和方法。例如，教师可以搭建微信公众号，推送课程内容，分享学生的优秀作品，布置课后作业等。还可以利用网络教室，开启在线网上课程，鼓励学生分享学习收获，增强师生的互动，提升教学质量，活跃教学氛围。

三、"互联网＋"为中职语文课堂提供更为多样的课外活动

中职学生的一大特点就是性格比较活跃、动手能力较强，同时自律性较差，注意力容易分散。一直以来，中职语文教育以课堂教学为主，教师教、学生学的传统教学模式与学生的性格特点和学习习惯不相适应，导致课堂效率极为低下。

为了满足当代中职学生需要，教师必须利用"互联网＋"将语文课堂延伸到课外，通过开展形式多样的课外活动，吸引学生兴趣，培养学生学习的积极性和主动性，让语文课堂成为学生的主场。例如，教师可以举行演讲比赛、辩论赛等活动，让学生在课下通过互联网收集素材、组织内容，在课上通过多媒体进行展示。通过这种方式，让语文学习从课上延伸到课外，对提升学生的学习能力、人文素养具有重大作用。

四、"互联网＋"为中职语文课堂提供更为科学的评价体系

为了适应应试教育的需要，中职学校一直采用考试作为主要的评价体系，用

来衡量学生学习的成果。但是，这种衡量方式是有缺陷的，主要体现在考核内容狭窄，以基础知识为主；考核方式单一，以试卷考核为主；评价体系失衡，一考定终身，有失公允，也极不科学。显而易见，学生对这种评价体系也是不满意的，表现在备考不积极，对成绩不在意等。

为了改变这种局面，中职学校必须从"互联网+"的理念入手，改革评价体系，将对学生人文素养和学习能力的考核纳入考评范围，丰富考试内容，鼓励学生积极参与课下活动。对中职语文教学效果的评价，要从语文基础知识、应用能力出发，延伸到创新能力、动手能力及综合素质，由单一走向整体，从片面扩展到全面，力图找到更好、更新的考评模式。

五、结论

"互联网+"理念的普及与拓展，颠覆了传统的中职教学模式。尤其是在语文教学中，更要注重人文价值和综合能力的培养，因此，中职学校必须从课堂内容、课外活动、教学手段和评价体系这几个方面入手，对语文课程进行深入改革，使其适应"互联网+"的时代，适应这个时代学生的需求，从而切实推动现代教育的改革与发展。

5. 职业学校教学信息化管理平台建设的研究与探索

宋玉峰　李巍娜　王之黎　韦建猛

一、需求研究分析

《国家中长期教育改革和发展规划纲要（2010—2020年)》提出：把教育信息化纳入国家信息化发展整体战略，超前部署教育信息网络。到2020年，基本建成覆盖城乡各级各类学校的教育信息化体系，促进教育内容、教学手段和方法现代化。充分利用优质资源和先进技术，创新运行机制和管理模式，整合现有资源，构建先进、高效、实用的数字化教育基础设施。加快终端设施普及，推进数字化校园建设，实现多种方式接入互联网。开发网络学习课程。建立数字图书馆和虚拟实验室。建立开放灵活的教育资源公共服务平台，促进优质教育资源普及共享。创新网络教学模式。提高教师应用信息技术水平，更新教学观念，改进教学方法，提高教学效果。鼓励学生利用信息手段主动学习、自主学习，增强运用信息技术分析解决问题能力。加快全民信息技术普及和应用。制定学校基础信息管理要求，加快学校管理信息化进程，促进学校管理标准化、规范化。推进政府教育管理信息化，积累基础资料，掌握总体状况，加强动态监测，提高管理效率。

近年来，我国学校的信息化水平得到了较大的提高，但有针对性的管理平台的建设还处在摸索阶段，尤其是职业学校的信息化建设相对落后，为适应新形势下学校教学和管理的需要，急需加强职业学校教学信息化管理平台的建设研究和实现。

目前对于学校管理人员、教师、学生三个主体的工作与学习的协调中，传统模式占主导，势必造成效率低下、工作推进误差多，即在资源共享、信息反馈等问题上存在很多问题。下面针对以上问题，就如何利用好信息化技术完成功能需求进行阐述。

（一）学校领导及二级部门：改变传统的管理模式，通过模块式信息化手段及时对接信息反馈，及时了解工作流程与进展，做到及时处理工作。

（二）老师：充分利用教学信息资源备课，改变传统的教学方法，使用多媒体课件教学、实例教学等。及时了解学生的学习反馈信息，并调整教学方法和教学难度，达到教与学的密切结合，避免教学的脱节。

（三）学生：通过信息化平台丰富的教学资源达到自主学习的目的，通过信息反馈参与老师的教学质量评价。通过互动式学习平台，让学生从学习中找到乐趣，增加学生学习的主动性。

二、平台建设

（一）信息门户平台

构建校园门户平台，整合全校的应用系统，实现全校应用系统的功能和流程重整。门户平台采用统一的身份认证，根据不同的使用权限提供不同的信息服务，并可进行个性化定制。其具有高可靠性、高运行性、高安全性和高可管理性。

1. 提供符合通用国际标准的、可持续升级的运行和开发门户框架。门户必须支持标准的 .net 技术，门户产品应全面支持业界的技术标准和技术规范。

2. 提供统一的访问入口，所有用户均通过信息门户登录信息化校园综合管理平台，通过统一身份认证，基于权限分配，访问相关应用系统，无须分别登录相关的每个应用系统。

3. 可进行网站内容管理，提供统一的内容采编、审核和发布管理。

4. 提供基于个人访问权限的个性化界面和服务，展示各级用户自定义显示的内容和主题外观，提供图形化工具，让用户根据其身份的不同，通过浏览器对自己的门户菜单进行个性化的设置，定制其权限范围内的各种信息，包括布局、标签、栏目、信息内容等各种定制。

5. 统一门户提供合适模板配置学校网站发布的信息，供学校网站服务使用。利用统一门户提供模板，并对学校对外门户网站进行改造和建设，满足学校门户网站信息发布需求。

6. 系统能支持 IE、360、遨游等主流浏览器。

7. 系统应采用多层架构 B/S 模式实现，应采用先进的、开放性的技术，以便能够适应学校信息化校园建设的需要。

（二）功能模块技术指标

1. 教务管理系统

新教务管理系统平台需要"采用数据库数据迁移，同步更新方式"，实现旧教务管理系统数据迁移集成。要求新平台教务管理系统与统一认证平台、统一门户平台、数据中心平台系统实现用户、身份、数据、应用功能无缝对接。

新教务管理系统主体功能包括：按照学校需求定制，实现教学管理、教研管理、专业管理、智能排课、选课管理、考务管理、成绩管理、重修管理、学籍管理、毕业管理、数据整合与查询等。

2. 办公自动化系统

采用多层软件架构（即数据表现层、业务逻辑层与数据存储层）、统一的身份认证以及完善的安全保障体系，依据学校各级管理部门的职能划分与工作流程，基于校园网/互联网为广大教职工（特别是管理人员）提供先进实用、高效安全的无纸化办公平台。

为教职工（主要是管理人员）提供的服务包括如下方面：按照学校要求定制，实现个人办公、会议管理、新闻管理、邮件管理、手机短信通知、公文管理、表单管理、流程管理、系统管理、接口管理及教师、学生各种信息管理与查询等功能。

3. 招生管理系统

采用科学的管理思想和先进的信息技术，将迎新工作合理分解为招生门户、自动拍照扫描终端、报名管理、录取管理、缴费管理、教务管理、综合查询、信息维护、系统管理等几方面工作，为新生入学提供先进实用的信息化管理手段，为学生、教师、管理系统提供简便、快捷的网络化信息服务，实现学校自主招生工作的数字化管理。

招生管理系统可实现与教育部招生录取系统的完全接口，根据招生录取系统的导出数据，自动导入到招生报到系统，并能实现按省份、录取批次自动导入系统。

按照学校要求定制，实现招生宣传、学生注册录取报道（现场照相、各类资料的扫描等信息处理）、入学管理、宿舍管理、缴费管理、综合查询统计、信息维护、系统管理等功能。

4. 人事管理系统

在数字化校园建设工作的基础上，结合人事管理部门的工作职能，利用先进的信息化手段和工具，实现对全校教职工基本信息的数字化、网络化管理，并在此基础上提供工资、津贴结算，规范管理过程，提升办公效率，节省办公成本，实现人事管理工作的信息化、科学化和规范化，从而达到提高管理水平和办事效率的目的。此外，将人事管理系统与学校统一身份认证系统进行衔接。

5. 移动信息化校园平台

移动信息化校园平台，是在对校园各类信息系统和信息服务进行整合的基础上，通过运营商无线通信网络、5G 网络等传输途径，为学校教职员工、学生提供无线信息化校园服务。用户可以不受空间、时间的束缚，随时利用手机等移动终端查阅（订阅）所需信息，掌握校园情况，处理工作事务，处理课业活动，发送即时信息，实时互动交流等。

6. 顶岗实习系统

顶岗实习系统是对应届毕业生的顶岗实习全过程进行管理、监控、评价。联络无阻的互动，对学生安全的监控，将被动的事后处理变为主动的事前预防、事中处理；实现实习情况信息管理、顶岗实习推荐管理、实习情况信息查询、顶岗实习推荐查询、顶岗实习统计。

三、结束语

教学的信息化建设对于转变教育思想和观念，促进教学改革，加快教育发展和管理手段的现代化都有积极作用，对于深化基础教育改革，提高教育质量和效益，培养创新型人才也具深远的意义。

根据《国家中长期教育改革和发展规划纲要（2010—2020 年)》的内容，从职业教育信息化建设的现状出发，就其中存在的问题、面临的机遇进行剖析，创新办学理念，并提出相应的对策，解决"信息孤岛"等问题，将上述研究成果应用于职业学校实践，建设教育教学信息资源系统、学生练习过关系统、教学质量评价系统、信息交流反馈系统等。

6. 中职学校信息化建设需求研究分析

宋玉峰　苏爱娟　张桂斌　潘丽珍　吴志根

一、现状研究分析

国家信息化体系包含信息网络、信息资源、信息技术产业、信息化人才、信息技术应用、信息化政策法规和标准规范六大要素，但目前大多数中等职业学校信息化建设与国家信息化体系还有较大差距，如中等职业学校信息化建设仍存在机制不健全、资金投入不足、基础设施比较薄弱、管理水平和技术相对较差、信息资源分散难以互联共享（如目前大部分系统成为孤岛效应，没有形成联动）、信息化人才缺乏、软件和硬件维护成本高等诸多问题，其已经成为影响职业教育发展的基点和重点，中等职业学校信息化如何建、建成什么水平要考虑职业学校建设发展的需要，已经作为重点课题进行研究与探索。

二、中职校园信息化建设的需求分析

（一）完善基础设施和网络环境建设

目前学校要实现网上教学、办公、管理、服务和校园安全视频监控，就必须

完善基础设施层的运行环境、拓展校园网络的空间维度与广度。即对校园数据的关键基础设施所需的核心通信设备、服务器、大型主机、存储设备、备份设备、供电设备及其中心机房进行系统设计，实现信息化校园系统的应用处理、信息存放、信息管理和校园网络的全覆盖。

（二）应用信息基础平台建设

应用信息支撑平台运行基础是基础服务层，由它提供信息化校园的数据库服务、高性能计算服务、数据存储与备份服务及其他基础服务。即在基础服务层中，高性能的数据存储备份提供海量数据备份；大型主机提供高性能计算服务；数据库提供数据存储、数据存取访问、数据存取控制；共享数据库、数据库复制等技术解决应用系统之间的数据共享；其他基础服务包括域名服务、身份认证、电子邮件、文件传输、网络计费及服务器代理等服务。

（三）应用系统层建设

应用系统层是校园各类应用子系统的统称，学校各部门需求不同，开发的应用系统是不同的。依据学校管理与应用重点和发展需求，可将其归纳为日常办公管理、教学管理、学工管理及特色应用等几大类别，每个类别再细分多个子系统，同时分阶段、分批次建设。应用系统各个子系统均基于应用支撑层进行构建，它们在建设时必须采用统一软件系统结构、统一数据交换标准、统一开发规范等，才能实现各项业务的自动化管理。

（四）应用系统运行环境建设需求

学校校园信息化综合应用系统运行环境配置是保证系统正常运行的基础。因此在运行环境配置时需要考虑三大主要因素：主机服务器框架与性能的选择、主机操作系统的选择和 PC 操作系统的选择，使它们具有良好的兼容性和扩展性，满足日益发展的业务系统的需求。

（五）校园安全监控系统的建设

安全防范项目是校园安全管理的一个重要组成部分，通过建设校园安全监控系统实现校园无死角监控，能做到有效的日常管理和预防校园暴力事件发生，建设平安校园。但目前中职学校校园的教学、实训、生活区域有交叉分布现象，存在采用模拟视频监控的图片采集清晰度不够，监控点不能联动报警等问题。在总体的设计与布置中，安全监控系统采用数字式方案，在综合管理平台的一体化管理下，实现视频监控、红外报警、音频报警等功能模块联动运行的多种综合服务功能。

（六）云存储及安全系统建设

随着信息化校园的建设，学校需要足够的空间去存储海量数据及保证数据安全，但传统的 SAN 或 NAS 在容量和性能的扩展上会存在瓶颈。选择云存储建立自己的远程备份和容灾系统，可保证本地发生重大的灾难时通过远程备份或远程容灾系统进行快速恢复，使数据存储保持极低的成本，并保证数据安全。

三、结束语

中等职业学校要适应现代职业教育发展需要统筹规划、有序推进信息化建设，紧密跟进"互联网＋"时代发展，政府要加强对教育信息化建设工作的统筹、指导，加大对职业教育信息化建设的资金投入，落实政府、各有关职能部门和学校的职责，规范信息化建设项目，并将教育信息化列入教育督导内容和学校办学水平评估考评指标体系。

7. "互联网＋"下中职学校教师信息化教学能力培养策略

谭丽丽　崔永娟

《教育信息化"十三五"规划》明确要求，"增强教师在信息化环境下创新教育教学的能力，使信息化教学真正成为教师教学活动的常态"。而要实现信息化教学的常态化，实现信息技术与教育的深度融合，关键在于培养信息化素养高、信息化教学能力强的师资队伍。培养教师的信息化教学能力，需要教育主管部门、学校、教师等各个层面的参与。本文从学校层面提出"两支持三阶段四途径"的中等职业学校教师信息化教学能力培养策略设计。

一、"两支持"：从平台支持和发展支持两个方面促进教师信息化能力的培养

（一）平台建设筑基础

职业学校信息化环境建设是提升中职教师信息化教学能力的重要基础。

1. 建设数字化校园，实现不受时空限制的网络环境，配备多媒体教室及数字化资源，为教师开展信息化教学提供平台基础。近年来，各中职学校都非常重视硬件环境建设的资金投入，为教师信息化教学能力的发展创设了良好环境，但软件资源投入方面尚需加强。

2. 成立信息化教学技术服务机构，为教师提供线上线下全方位的技术支持，解决信息化教学中的技术障碍。中职学校大部分为专业教师，基本不具备专业的信息化技术能力，所以，学校成立信息化教学技术服务机构，可以更好地整合资源，更有效地促进信息技术与教育教学的深度融合。

3. 构建集课程开发、教学实施、教学管理、师生交流于一体的校内网络学习空间，促进经验分享，实现教师自我学习和自我发展，促进教师教育理念和教学模式的变革；将教师的信息化课程资源放在平台上供学生学习，帮助教师打造网络学习空间，推动教学资源共享，推动教学方式的改革。

（二）制度建设促发展

1. 加强领导。加强信息化教学工作的组织领导，建立经费投入保障机制，确保信息化教学的推进。

2. 建立激励制度、考核评价制度。制定相关激励制度，引导教师开展信息化教学的学习和实施；制定信息化教学能力评价制度，对教师信息化教学能力进

行考评，并将考评结果运用于工资晋级、职称评定、评优评先等，激励广大教师迅速提升信息化教学能力。

3. 建立培养培训制度。学校通过采用多层次、多角度的信息化教学能力培训方式，以及设立与信息化教学能力有关的竞赛、课程建设项目、科研项目等，为教师信息化教学能力发展提供完整的途径。培养培训要向核心参与人群倾斜，保护核心参与人群的积极性与创造性，充分发挥其带头作用，从而提升学校信息化教学整体水平。

二、"三阶段"：分初级、中级、高级三个阶段进行培养

《中小学教师信息技术应用能力标准（试行）》和《中小学教师信息技术应用能力测评指南》从"应用信息技术优化课堂教学""应用信息技术转变学习方式"和"应用信息技术支持教师专业发展"三个维度规范了中小学教师在教育教学中有效应用信息技术的准则。《中小学教师信息技术应用能力培训课程标准（试行）》里将培训信息技术应用能力课程的目标分为"应用信息技术优化课堂教学""应用信息技术转变学习方式"和"应用信息技术辅助教师专业发展"三个部分。

因此，我们将培养目标设定为三个阶段，即第一阶段（初级）：培养教师应用信息技术优化课堂教学的能力；第二阶段（中级）：培养教师应用信息技术转变学习方式的能力；第三阶段（高级）：培养教师应用信息技术支持个人专业发展、为学生创建学习型社区的能力。

这三个阶段的能力是循序渐进的，每一位教师的信息化能力是动态发展的。因而，要根据教师信息化教学能力所处阶段进行针对性培养，以提高培养的有效性。

（一）初级阶段

此阶段教师专注于如何运用信息化手段向学生传授专业知识，完成教学任务，更好地达成教学目标，即"优化课堂教学"阶段。这一阶段的培养目标主要是使教师建立信息化教学意识、掌握在教学中应用信息技术和装备的基本方法，能获取、选择、应用优质教学资源。

（二）中级阶段

此阶段教师关注如何利用信息化对课堂进行整合，即"转变学习方式"阶段。此阶段的培养目标是使教师掌握较复杂的工具、软件，熟悉在信息化环境下教学设计的方法与步骤，会设计各种课程实施方案，实现对学生学习效果的评价并提供优质、互动、可以满足虚拟仿真操练的学习资源，选择最恰当的教学方法以适应不同专业的教学需要，并以此取得更好的教学效果。

（三）高级阶段

此阶段为"知识创新"阶段，此时的教育目标是努力培养学生自主学习和探究新知识的能力，使他们成为能够参与知识创造和革新的劳动者。此阶段教师信

息化能力的培养目标是教师能够在信息技术的支持下构建以学生为中心的学习环境，示范学习过程，支持学生的研究性学习，实现翻转式教学模式，将课堂精心地组织为学习型社团，让学生在其中持续关注，增强自身和他人的学习技能。教师具备信息化环境下的学习能力，并有能力通过网络进行自主学习、知识更新，能够通过网络获取政策资讯、资源信息和具有示范性、引领性教学、科研案例，实现自我学习、自我发展。

三、"四途径"：采用四种方式全方位开展教师信息化教学能力培养

（一）专题培训

遵循循序渐进的原则，开展专题培训，采用内训与外训相结合的形式，紧扣各阶段培养目标，开发、完善培训课程，提升教师信息化教学能力。

（二）以赛促学

组织校级信息化教学大赛，鼓励和指导教师参加省级、国家级信息化大赛，"以赛促学，以赛促教"，使教师在比赛中提升信息化教学能力。

（三）团队研讨

首先以教学团队为单位成立教学团队研讨小组，各小组建立各自交流平台，及时分享信息，互助互学，定期开展研讨专题会议，从专业出发，构建各专业信息化教学思路框架；然后从教学团队研讨小组选拔骨干成员组成信息化教学研讨小组，提升教师信息化协作能力，培养信息化教学内训师；在学校建立信息化教学网络互助社区，使教师能在网络社区上开展交流，获取政策资讯、资源信息和具有示范性、引领性的教学科研案例，改进教学方法，提高管理复杂项目、参与专业学习社区交流的能力。

（四）项目引领

学校设立校级的信息化教改和科研项目，鼓励教师参与上级的信息化教改和科研项目，以项目为依托，在项目实施过程中促进教师信息化教学能力的提升。

8. "互联网＋"背景下中职公共基础课信息化教学实施的困境与路径选择

王艳梅

2015年3月，国务院总理李克强在《政府工作报告》中首次提出制定"互联网＋"行动计划，体现了国家和政府最高决策层对互联网推动社会转型进步的高度重视。随后，《国务院关于积极推进"互联网＋"行动的指导意见》的颁布，提出要通过互联网探索新型教育服务供给方式。国家和政府层面对"互联网＋"的提出给教育界带来新的契机，由"互联网＋"带来的产业创新和升级，将对教育产生深远影响。

当前中职学校学生文化基础薄弱，学习自觉性、自律性较差已经成为普遍现

象。中职学生文化基础水平下滑始于 20 世纪 90 年代后期，教育结构的调整、高校的扩招直接导致了重点高中的持续升温、中职生源的减少以及学生文化基础水平下滑。在时代革新因素的影响下，中职学校不得不面对招生困难、生源素质下降、管理难度加大等一系列困难。随着中职教师不断发出学生"一届不如一届"的感叹声，我们不得不面对现实：无论生源质量如何，只有招到学生，学校才能生存下去，生源数量决定了学校的发展。随着招生成为各中职学校的头等大事，招进来的学生如何教、如何管理、如何通过对口升学考试进入大专院校继续学习，也就成为学校工作的重中之重。公共基础课作为教育部要求中等职业教育开设的必修课程，易被认为其弱于专业课程，或仅为专业课程服务。各中职学校为了办好专业，将各项资金和精力更多的投入专业发展，对公共基础课教学的重视程度薄弱，甚至被认为是一些没有质量要求的课程。近年来随着国家对职业教育的大力投入，中职教育越来越重视内涵发展，人才培养质量的提升，中等职业教育不是学生的终点，中职学生还可以继续接受大专、本科、研究生学历等高层次的教育，学生的终身教育意识得到提升。此外，通过用人单位的反馈，我们会发现，企业需要的是拥有良好素质的员工，哪怕他的技能方面差一些，通过该企业短期培训也是完全可以适应岗位需求；但反过来，如果综合素质不好，就是多花几倍的时间也是无法弥补的。因此中职公共基础课教学的效果以及作用逐步得到应有的重视。

一、中职公共基础课信息化教学困境

1. 公共基础课教师对信息化认识存在误区

当前，许多中职学校都已经意识到信息化教学的重要性和有效性，也基本上都实现了教学的信息化，信息化校园建设也成为各中职学校的工作重点之一。但是，大多中职学校数字化资源库建设多集中在专业课程，造成公共基础课教师对信息化建设的理解较为肤浅，认为在网上查阅资料、上课时播放多媒体课件、视频等就是信息化教学。相当部分的公共基础课教师在课堂中未能真正做到利用信息技术与学生互动，未能真正掌握学生线下线上学习状态，让学生在课外利用信息技术完成课程作业，未能真正将信息技术融入课内外教学中。由于对信息化教学存在认识上误区导致在教学中易于出现极端。比如，一部分年轻教师在课堂上盲目应用信息化，错误地认为所有的课程教学内容都可以通过互联网或者多媒体进行教学，导致教师备课辛苦，需要查阅大量信息资料，制作教学微课视频；却忽略了中职学生自学能力、自控能力较差，导致无法完成线下的教学任务，教师和学生未能达到学习的一致性和有效性，教师逐渐产生倦怠感，学生也未能有效掌握知识。还有部分教师为了方便，在教学中把不适合信息化的教学内容生搬硬套，不仅造成了资源浪费，还使学生的学习效果大打折扣。

2. 公共基础课教师信息技术应用水平偏低

在信息化教学发展的道路上，虽然大部分教师认同"信息化教学能力是新时代教师应具备的基本能力之一"这一观点，但由于公共基础课长期处于学校弱势地位，教学效果也没有统一的考核评价标准，基础课教师利用信息技术开展教学的深度和广度较专业课少，参加信息化培训的机会也较少。大部分公共基础课教师认为需要进行信息化教学培训和指导，制约他们充分、合理利用信息化教学的主要因素是缺乏有效的指导和培训。另外每年都有各级各类信息化大赛，参赛的教师也多以专业课教师为主，信息技术的缺失、参赛的内动力不足、对信息化教学的时间、经验缺乏等问题造成公共基础课教师参加比赛的积极性不高，获奖率也较低。此外，部分教师主动学习不够，特别是中老年教师对信息技术的学习有畏难情绪，不敢也不想迎难而上，甚至对信息化教学方式存在疑虑和抵触心理。随着信息技术的更新速度不断加快，中老年教师学习新技术的能力不足，未能适应新时代对教师信息化素养的要求，他们依旧沿用传统的教学方式授课，普遍停留在利用 PPT 和从网络获取教学资源的初级阶段。

3. 中职学校信息化资源和环境的缺乏

2018 年，教育部科技司提出了"教育信息化 2.0 行动计划"，该计划要实现"三全两高一大"的发展目标，即教学应用覆盖全体教师、学习应用覆盖全体适龄学生、数字校园建设覆盖全体学校，提高信息化应用水平，提高学生信息素养，建设一个"互联网＋教育"大平台。显然，要落实这一目标，信息化教学资源和平台是关键。调查显示，中职学校 90％的教室都配有多媒体设备，但在数字化校园建设方面依旧存在资金短缺，平台奇缺的局面。学生使用手机、平板电脑等其他移动设备的非常少，现在广泛使用的"蓝墨云班""微课""雨课堂"等新型教学手段都需要在使用过程中实现全网覆盖，但基本上能实现全网覆盖的中职学校较少。信息化资源的短缺也造成了公共基础课教师有想法难以实现的局面，制约了信息化教学的广泛应用。

二、中职公共基础课教师信息化提升路径

1. 创新培训模式

中职学校与中小学不同，职业学校专业课程种类多样，专业课教师和公共基础课教师运用信息技术水平参差不齐，单一培训模式效果不够理想，应进行既有统一集体培训又要区别对待。首先，学校积极开展集中授课培训，目的是对信息基础知识作一般性的普及，提升教师对信息化教学的充分认识和整体信息素养，为下一步自主学习和帮扶学习奠定基础。其次，学校组织计算机教师、专业课信息化教学骨干与公共基础课教师一对一，形成结对帮扶，协助学习，特别是公共基础课教师在参加信息化教学能力大赛时，与信息技术骨干搭档，组建参赛团队，提高参赛的信心和作品获奖率。学校应积极为公共基础课教师搭建学习交流的平台，借助专业课程信息资源培训，鼓励基础课教师多学习、多实践、多总结，逐步提高教师利用信息化教学的能力。

2. 利用教科研载体

在实践过程中，笔者认为教科研竞赛和科研课题对提升教师信息化能力以及深入开展信息化教学有巨大的促进作用。广西城市建设学校公共基础课一直都采用传统的教学模式，公共基础课教师参加信息化大赛和课题申报的机会较少，即使参加比赛，因缺少信息技术的实践应用经验，参赛作品获奖率也较低。2016—2018年，广西城市建设学校连续三年申报并获得立项信息化方面的课题，在课题的推动下，鼓励中青年教师搭档、信息技术骨干与教学丰富经验的基础课教师形成参赛团队，一方面提高了公共基础课教师参赛大赛的积极性和自信心，另一方面在信息技术骨干的支持下，不仅提高了参赛的获奖率，同时也在参赛的过程中，逐步提高基础课教师信息化能力。基于科研课题和竞赛获奖的鼓励作用，公共基础课教师已经将原本仅限于专业课教学的"蓝墨云班课"等新型技术应用到日常教学过程中，中老年教师也逐渐接受新技术带来的教学便利。以大赛为载体，以科研课题为内升动力，让公共基础课教师不断更新信息技术，紧跟时代需求，掌握新的教学理念和信息化教学技术，激发学生学习的兴趣，改变传统教学模式，在获得信息化教学大赛优异成绩的同时，转化信息化实践教学成果，形成科研课题，使公共基础课教师有更多的获得感和成就感，也对职业教育有更多的幸福感。

3. 创设信息化教学环境

信息技术设备是教师开展信息化教学的基础，中职学校应加大对信息化设备的投入，保证教师的信息化教学需求。如广西城市建设学校在2018年将原有教室的多媒体电脑统一置换为希沃一体机，并实现了校园全网覆盖。购置或开发适合中职学生学习的APP，特别是可以有效促进学生线下自主学习的软件。还可以联合其他中职学校，共建共享教学资源。积极为教师创设良好的信息化教学环境，为学生营造利用新型通信设备自主学习的良好氛围，让信息技术真正为师生服务。

三、小结

中职公共基础课作为职业教育重要的教学组成部分，在服务学生终身学习和培养学生综合职业素养等方面有着不可替代的作用，在信息化飞速发展的今天，充分掌握信息技术，具备良好的信息化素养，提高职业学校教育教学水平是新时代对中职公共基础课教师的最基本要求。

9. "互联网+"二维四阶职业教育教学模式的建立初探

杨平

一、"互联网+"二维四阶职业教育教学模式的概念

职业教育（Vocational Education）是指让受教育者获得某种职业或生产劳动所需要的职业知识、技能和职业道德的教育。职业教育的目的是培养应用人才和具有

一定文化水平和专业知识技能的劳动者，与普通教育和成人教育相比较，职业教育侧重于实践技能和实际工作能力的培养。这种教育的主要目的是提高劳动者的文化、技术、业务水平，以适应各种职业所需要的熟练劳动力和专门人才。

"模式"一词是英文 model 的汉译名词。model 还译为"模型""范式""典型"等。乔伊斯和韦尔在《教学模式》一书中认为，"教学模式是构成课程和作业、选择教材、提示教师活动的一种范式或计划"。实际教学模式并不是一种计划，因为计划往往显得太具体，太具操作性，从而失去了理论色彩。教学模式是在一定教学思想或教学理论指导下建立起来的较为稳定的教学活动结构框架和活动程序。作为结构框架，突出了教学模式从宏观上把握教学活动整体及各要素之间内部的关系和功能；作为活动程序则突出了教学模式的有序性和可操作性。

"互联网＋"二维四阶职业教育教学模式是指"互联网＋"条件下通过一体两翼四轮驱动来建设以培养职业教育学生核心素养为本位的职业教育教学模式，即在目前社会相应政策引导下，培养"互联网＋"下"二维三阶"（从培训和制度建设两个维度分课程教师、骨干教师、校园名师三个阶段）职业教育教师专业能力和"二维三阶"（从班级管理和社团活动两个维度在入校认知阶段、内化成长阶段、孵化转型阶段）职业教育学生人文素养。

二、"互联网＋"二维四阶职业教育教学模式的结构

教学模式通常包括五个因素，这五个因素之间有规律的联系就是教学模式的结构。

1. 理论基础

（1）认知学的理论指导

Lakoff 指出：认知学是心理学、语言学、人类学、哲学、神经学、电脑工学（人工智能）等众多学科中关系到"心"的部分相结合而产生的新学科，是众多学科交叉发展的结果。认知学以"感知"为出发点、集中点，综合了各个学科关于"感知"的部分，提出了以人为本的多元化、综合性的思维方式和分析方法，因此被广泛地应用于各个学科。

面对信息化迅速发展的社会，我们的思维模式不断在改变，但我们所固有的知识系统并未发生根本性的变化，它与我们每天所接受到的情报信息存在着千丝万缕的联系，这种联系相互影响、相互刺激，相互碰撞出火花，建立新的认知系统，不断扩大、发展认知的范围。而认知学在设计中的影响正如此联系，以认知学的思维方式为出发点，通过新的环境、新的信息与固有认知系统中的信息相互作用，而更新出新的认知系统。

结合中职学校技能培养特殊性，从中职学生知识接受的特点出发，我们将基于认知学的翻转课堂理解为：学生在当今快速发展的微时代环境与原有认知的相互作用下，实现信息"输入—分析—转换—输出"的全过程，并最终适应课前获

取、课中内化、课后提升的翻转课堂教学模式。

(2) 掌握学习理论的指导

掌握学习理论提出，对于学习过程中要求学生掌握的全部学习内容，只要所需的各种学习条件都具备，学生是可以完全掌握的。布卢姆也曾指出：在学习时间充足，学习目标明确的前提下，学生在面临学习困难，需要帮助的时候，只要有规律可循，大多数学生在学习能力、学习速度和进步的学习动机方面就会变得十分相似，学生就会有条不紊地进行学习，所有的学生都能够学得很好。

教育的模式一直都是将知识的获取分为知识传递和知识内化两个阶段，长期以来，都是将知识的传递通过教师在课堂上的讲授来完成，然后通过课后作业、操作或是实践来完成课后知识内化，然而课堂上的讲授，学生并不喜欢，而课后的内化，也得不到老师的指导，无法进行有针对性的训练。而翻转课堂的教学模式颠覆了以往的教学形式，知识的传递以信息技术为载体，通过多种信息化技术的辅助完成课前任务布置和知识传递，而课堂上，经老师的帮助和同学们的协助来完成知识的内化，这样一来，将更多的时间还给了学生，并且由学生自主学习来完成，仅需老师的课堂帮助就能进行学习，从而形成了翻转课堂的教学模式。

(3) 混合式教学的理论指导。

线上和线下两个维度的学习是一种混合式教学，所谓混合式教学 (Blended Learning) 就是要把传统学习方式的优势和 e-Learning (即数字化或网络化学习) 的优势结合起来，也就是说，既要发挥教师引导、启发、监控教学过程的主导作用，又要充分体现学生作为学习过程主体的主动性、积极性与创造性。混合式教学是学习理念的一种提升，这种提升会使得学生的认知方式发生改变，教师的教学模式、教学策略、角色也都发生改变。这种改变不仅只是形式的改变，而是在分析学生需要、教学内容、实际教学环境的基础上，充分利用在线教学和课堂教学的优势互补来提高学生的认知效果。混合式教学强调的是在恰当的时间应用合适的学习技术达到最好的学习目标。

2. "互联网+"二维四阶职业教育教学模式的教学目标

《教育信息化"十三五"规划》提出继续开展"一师一优课、一课一名师"等信息化教学推广活动，激发广大教师的教育智慧，不断生成和共享优质资源；要依托信息技术营造信息化教学环境，促进教学理念、教学模式和教学内容改革，推进信息技术在日常教学中的深入、广泛应用，适应信息时代对培养高素质人才的需求。真正对学生负责的教育，应当是能够促进他们全面、自主、有个性地发展。职业教育教学改革与创新，要求我们一线教师不断发展、创建高质有效课堂。

3. 开展"互联网+"二维四阶模式下师生的教与学角色和教学策略的实践研究

多年来，学生已习惯于教师讲、学生听。通过互联网技术，当学生真的"动"

了起来以后，新的问题又出现了，学生积极参与学习，课堂气氛空前活跃，课堂纪律难以控制。互联网使学生思维变得活跃了，他们的自我意识增强了，甚至敢于向教师挑战，教师得放下架子，学会蹲下来欣赏学生，学会换位思考，有勇气承认自己有不懂的地方，愿意与学生共同探讨。教师的主要职能由"教"变为"导"，信息时代，人们很容易从网络等媒介中获得信息和知识，教师已不再是知识的拥有者，学生可能通过各种信息途径获取比教师更多、更精确的知识。通过网上课堂（虚拟课堂）和现实课堂（面授和面对面的实践环节）相结合（即二维），学生主体和教师主导相结合，使之成为实施教学过程和保证质量的主要手段。

比如针对工程测量课程的水准测量项目的教学开发出"学习指南"微场景，学生点击之后可直接以微场景的形式观看。学习指南包括学习任务、学习目标、进度安排、学习方法和考核形式。学生通过手机观看学习指南了解该项目应该如何学习，进而合理安排学习时间，完成学习任务。

教师上传学习资源，学习资源包括电子教材、测试题库、微课视频、实训报告。将该项目的重点内容以微场景形式图文并茂的展示出来，包括水准仪的操作、闭合水准路线的测量等重难点内容以视频的形式展示出来，供学生下载学习。在课上可进行"情境讨论"，课后可进行"学习测试"。测试和讨论的答案系统会自动显示出来，教师根据学生回答问题的深入程度给予不同经验值的"点赞"，学生也可以看到其他同学回答的情况以及教师的评价。

4."互联网＋"二维四阶模式下教学环境的构建研究

教学环境建设主要有硬环境（学习端设备、网络相关设备、教室等）和软环境（网速、云端平台、APP、教师、学生等）。鉴于"互联网＋职业教育"教学是一种新生事物，是一个开放的概念，在先进理念指导下，利用云、网、台、端，运用网络资源，在教师指导下，促进学生积极自主学习，加强师生交流、师生协作研讨，优化教学过程。网络环境建设是进行"互联网＋二维四阶"教学的保证，而掌握网络信息化技术的高水平的教师则是关键。

5."互联网＋"二维四阶模式下教学效果的评价分析研究

综合"互联网＋"的云班课、腾讯课堂、考试酷等APP应用研究，以互联网平台上的云服务及电子版教材为物质基础，通过线上和线下两个维度，完成教学、学习、检验分析、反馈改进，构建"互联网＋"二维四阶教学模式。

10."互联网＋"对职校学生的学习影响及其干预策略

黄永乾　朱凯　谢剑平

一、问题提出

"互联网＋"的出现促进了教育信息化的发展，也改变了当前整个教育的理念和方式。而这种改变主要体现在学习方式的转变上，只有让学生形成顺应"互联网+"的学习方式，才能真正促进学习者有效学习、终身学习。而从当前职业学校的现状看，"互联网+"对职校学生学习的影响具有"两面性"。

二、"互联网+"对职校学生学习的正面影响

1. 有利于学习资源的获取

过去职校学生主要通过教室、实训场、图书馆等途径来学习知识和技能，"互联网+"为学生们开辟了一条快捷、便利的学习途径。当前，以智能手机为代表的移动设备已成为职校学生的随身用品，在任何时间和地点，利用这些设备上网以及安装在设备里的学习软件，学生便可快速获取到更为丰富的知识。

2. 有利于学生的自主学习

"互联网+"打破了传统的"教师—课堂"的学习模式，学生可以按照自己的喜好和需求，挑选自己想学的知识，并依据自己的进度，随时随地获取手机等移动设备或互联网中的信息化学习资源，从而让学生摆脱了课堂和书本的束缚，真正主宰自己的学习。

3. 有利于锻炼学生的思维

在知识爆炸、信息超载的"互联网+"时代，职校学生如何将庞大而繁杂的信息根据自己的兴趣和需要进行整理，重构出自己的知识体系，不仅需要新的方法和策略，更需要一种适应"互联网+"的全新思维方式，这对学生的整体思维锻炼具有很大的帮助。

4. 有利于提高知识的吸收率

"互联网+"时代的学习需要充分利用"碎片化"的时间。比如，学生可利用课间、排队、临睡前等零散时间处理QQ、微信上那些"碎片化"的信息，等有空时再将这些信息拓展和深挖。这种将"碎片化"信息"串联"起来、形成自己新知识体系的学习方式，提高了知识的吸收率，达到了更好的学习效果。

5. 有利于学生的学习交流

对职校学生来说，他们除了要学习和掌握专业知识和技能，也必须学会与人交往，这将为他们将来进入社会工作打下坚实的基础。而以"互联网+"为媒介的人际交往方式，给他们提供了更便捷和多样的交流途径，有助于学生们形成更和谐的人际关系，并实现个人发展的社会化。

三、"互联网+"对职校学生学习的负面影响

1. 会产生认知负荷

当前"00后"的职校学生，是伴随着互联网成长起来的一代人。然而，网络信息泛滥、良莠不齐，容易让学生陷入认知的超载和迷茫，很难辨别信息的真伪和好坏，从而使学生充满困惑与矛盾，对其固有的思维认知造成较大冲击。

2. 易导致"碎片化"思维

"互联网+"时代，"碎片化"成为人们阅读的主流形式。然而，学生们易被

网络中海量的碎片信息所"绑架"，因为长期浏览那些零散、割裂的信息，会使学生很难集中精力去进行逻辑思考，一看教材等书面文字就头晕、犯困。长此以往，爆炸式的信息量耗尽了他们大脑存储空间，大量的碎片化信息更严重影响了他们理性思维的形成。

3. 网络娱乐化对思维的弱化

当前，绝大多数职校学生都通过打网游、追网剧来打发自己的业余时间。这种"网络娱乐化"对学生的思维认知会产生不小的负面影响。比如，当前很多职校学生已不太愿意看文字的东西，过去的文字时代变成了"刷屏"时代，当图片和视频带给学生们感官快感的同时，也使他们的思维越来越懒惰，他们只看到事情的表象从不愿也不会去分析背后的原因与道理，从而一步步弱化了学生的抽象思维能力和理性分析能力。

4. 刷屏行为引发课堂危机

刷屏行为是"互联网＋"时代一种最常见的现象，这种行为在学校课堂已较为严重，某种程度上正在引发一场新的课堂危机。学生们虽人在教室却并未进行有效学习，他们用低头玩游戏、看视频等方式拒绝接受为他们而进行的教学。在这个刷屏时代，如何增强课堂吸引力以及提高教学质量成为每一个职校教师急需解决的现实难题。

四、"互联网＋"对职校学生学习影响的干预策略

面对"互联网＋"对职校学生学习的双重影响，学校有必要进行有效干预，以便帮助学生更好地进行"互联网＋"学习。这种干预既包括对正面影响的倡导与发展，也包括对负面影响的防范和矫正。同时，这种干预应从学校和学生的两个层面"双管齐下"。

（一）学校层面的干预

1. 加强"互联网＋"学习的宣传

如今，"互联网＋"已成为社会发展的必然趋势。因此，学校应从宏观角度重视和把握"互联网＋"学习，并研究和制定出符合学校和学生实际的、可操作的培养和实施方案，一步步推进"互联网＋"学习在职业教育和职校学生中的发展。

首先，校领导和相关部门负责人应加强自身对"互联网＋"学习的认识和了解，毕竟他们承担着引领全校教育教学改革发展的重任，在"互联网＋"学习的培养和实施中起着至关重要的作用；其次，应加强普通教师对"互联网＋"学习的培训，毕竟想要学生学习并掌握"互联网＋"的学习方式，教师首先要革新自己传统的教学理念和教学方式；最后，将"互联网＋"学习的内容写入《新生必读》或是专门编制"互联网＋"学习的简介手册，让学生们在入学教育期间就对"互联网＋"学习形成正确的认识和了解。

2. 加强学生信息化能力的培养

"互联网+"时代，职校学生必须具备较高的信息化素养，才能更好地去学习和生活。具体来说，主要需加强学生以下两方面的信息化能力：

一是加强网络信息的检索能力。职业学校可通过计算机课以及开展相关的主题班会、讲座等途径，培养学生网络信息的检索能力，从而利用这些网络信息更好地去学习和生活。

二是加强网络信息的鉴别能力。对海量的、鱼龙混杂的网络信息进行辨别、筛选是当代人必备的重要社会技能之一，只有掌握了较强的信息鉴别技能，学生们才不容易在虚拟的网络世界中出现认知混乱、自我迷失的现象。

3. 进行"互联网+"教学的革新

职校学生在课堂上日益频繁的"刷屏行为"已造成了职业院校较为严重的教学危机，如何有效管理手机课堂成为职业院校急需解决的现实难题。有些职业学校采取了一些较为直截了当、简单易行的办法，即禁止学生带手机来教室，或是上课时必须上缴手机等所谓的"无手机"课堂的措施。然而，一味地"堵"并不是解决问题的根本办法，关键是如何"疏导"！

"互联网+"学习是未来职业教育发展的大势所趋，因此，职业教育工作者只能顺应形势，积极探索如何将传统的课堂教学与网络"线上"学习的方式相结合，以此来消除"刷屏时代"的课堂危机。比如，学生可以先通过手机和网络在课前学习相关的教学视频，到了课堂讲课时，教师和学生便可通过谈论分享、答疑互动等方式来学习。"互联网+"时代，学校课堂已不再是简单的"传道授业"的地方了，而应成为师生们互动、答疑与研讨的场所。由此，学生变成了课堂真正的主人，教师则是扮演一个引导与合作的角色。

4. 通过校园文化活动进行干预

职校学生对互联网的过度依赖暴露了当前职业院校校园文化的缺位，引导学生回归现实生活已刻不容缓。对此，学校可将"互联网+"纳入系列校园文化活动中，并结合学生的专业特点，开展一些学生喜闻乐见的活动，比如"最美职场人摄影""工匠精神微电影制作"等具有专业和时代特色的网络媒体活动，以此让学生们在丰富多样的校园活动中感受到现实生活的乐趣，主动融入身边的人与事。

（二）学生的自我干预

1. 重视"互联网+"的学习

调查中发现，很多职校学生对"互联网+"学习并没有清晰的认识并引起足够的重视，只是在某些教师的课程作业或考核要求下，才被动完成相关的"互联网+"学习任务，比如通过手机观看与教学相关的视频、电子文稿、APP等。当前，许多职校学生的"互联网+"学习都处于"无意识状态"，即学生们大都不会有目的地、主动地去进行"互联网+"学习。因此，只有让学生知晓"互联网+"对其学习、生活以及将来的发展的重要意义，他们才会自愿、自主、有效地开展"互联网+"学习。

2. 掌握"互联网+"的学习策略

（1）制定和分解学习目标

当前，大多数职校学生在"互联网+"学习中缺乏学习的目的和计划。可根据手机等移动设备可随身携带且操作便利的特点，将学习的总目标分解成一个个"小而具体"的阶段性目标，再按计划一个个去完成。例如，在专业岗位证书的考核学习中，可让学生根据教材内容，将相关的知识考点进行模块化分解并存储在手机里，在课余时间学生便可利用手机随时随地进行学习和复习。而当一段时间学习效果显现出来以后，学生就会发现学习其实也可以很简单、很快乐。

（2）合理安排学习时间

在"互联网+"学习中，学习的内容和时间通常都是"碎片化"的。因此，在学习之前，学生必须学会依据学习计划和内容合理分配好学习时间，以便能充分利用"碎片化"时间来进行有效学习。这样不但可以提高学习效率，还可以锻炼学生的时间管理能力。

（3）学会合作学习

"众人拾柴火焰高"，学会与他人团结协作可以大幅度提高学习的效率，增强学习的效果。因此"合作学习"是"互联网+"学习中十分重要的学习策略之一。"线上"，学生可以通过在网上建立相应的学习讨论组、加入相应的学习论坛等方式进行合作式学习；"线下"，学生可以组成学习小组，对相应的学习内容和实训任务通过扫描二维码进行学习，并进行探讨交流和实际操练。

（4）学会与老师沟通交流

在"互联网+"学习中，老师的作用不可或缺，学生要学会积极与老师进行沟通交流，比如在学习资源的获取、学习计划的制定以及学习遇到各种疑惑和问题等方面。这样不但可以增强师生之间的友谊，更可以增强学习的效率和效果。

3. 减少对互联网的过度依赖

当前，职校学生需要自觉减少对互联网的过度沉迷。他们应充分认识到娱乐并非互联网的全部功能，应多利用网络为其学习、生活服务。为减少对网络的过度依赖，职校学生应严格约束自己，控制在课堂及其他地方移动设备的使用时间。规划好个人生活和学习，合理规范上网时间，争做网络的主人。

4. 关注"互联网+"学习的安全问题

"互联网+"使职校学生的学习和生活变得丰富多彩，但安全问题也随之而来。所以，在享受互联网的同时，学生们也应该加强自我保护意识。下面以智能手机为例，提出一些"互联网+"学习的安全防范措施。

（1）智能手机的病毒防范

手机病毒是一种具有传染性、破坏性的手机程序，会导致用户手机死机、关机、个人资料被删、向外发送垃圾邮件泄露个人信息、自动拨打电话、进行恶意扣费，甚至会损毁 SIM 卡、芯片等硬件，导致使用者无法正常使用手机。因此，在"互联网＋"学习过程中，学生必须要学会防范手机病毒。比如，不要随便"蹭网"，不要随便下载并安装陌生软件，更不要访问非法网站等。另外，手机一定要安装安全的杀毒软件并定期杀毒。

（2）使用智能手机的思想安全防范

智能手机往往会成为不法分子发送各类广告、推销、诈骗信息等不良信息的平台，对学生的学习和身心健康成长带来较大的负面影响。为此，应加强对"互联网＋"学习内容的研究和审核工作，多给学生提供和推荐优质的、正能量的"互联网＋"学习资源；应加强道德教育，帮助学生树立正确的"三观"，崇尚文明、健康的信息传播和学习方式；应强化学生心理健康教育，让他们回归正常、健康的学习和人际交往中。

参 考 文 献

[1] 阿里研究院. 互联网＋未来空间无限 [M]. 北京：人民出版社，2015.

[2] 国务院关于积极推进"互联网＋"行动的指导意见（国发〔2015〕40 号）[DB/OL]. http://www. gov. cn/zhengce/content/2015-07/04/content_10002. htm，2017-12-20.

[3] 取众家技术之所长为"我"所用——专访华南师范大学副校长胡钦太 [J]. 中国教育网络，2017（07）：16-18.

[4] 赵娴娜，卢敏，耿炎焱，等. "互联网＋教育"并非将教育简单搬网上 大学在线教育待升级 [J]. 决策探索（上半月），2017（10）：26-27.

[5] 任友群，郑旭东，吴旻瑜. 深度推进信息技术与教育的融合创新——《教育信息化"十三五"规划》（2016）解读 [J]. 现代远程教育研究，2016（05）：3-9.

[6] 教育信息化国家宏观政策及部分重点解读（修）[DB/OL]. http：//www. worlduc. com/e/blog. aspx? bid=51830115，2017-06-07.

[7] 专家｜任友群：开启"教育信息化 2.0"新时代 [DB/OL]. http：//www. sohu. com/a/212993282_667652，2018-01-12.

[8] 2018 年教育信息化 2.0 的颠覆与创新 [DB/OL]. http://www. 360doc. com/content/18/0104/18/410279_719068786. shtml，2018-1-16.

[9] 西安电子科技大学校长杨宗凯：教育信息化 2.0 的颠覆与创新. 中国教育网络 [DB/OL]. https：//mp. weixin. qq. com/s? biz=MjM5MTgzNDk4Mw==&mid=2652357819&idx=1&sn=c837e85de9ef9ecc1779673c72beac98&chksm=bd4c12b38a3b9ba55e8df59e33c7ed1ac6ed9e 0604ed905 995894fe7da68527aa0fccadbf8ea&mpshare=1&scene=23&srcid=0103B21vrV4noaebqg YgMOZz♯rd，2018-1-3.

[10] 杨洁. "十三五"规划以需求和应用驱动 [J]. 中国教育网络，2016（01）：20.

[11] 许涛，禹昱. 技术在学习中的应用——2016 年美国国家教育技术计划解读 [J]. 现代教育技术，2016，26（04）：20-26.

[12] 韩锡斌，王玉萍，张铁道，等. 远程、混合与在线学习驱动下的大学教育变革——国际在线教育研究报告《迎接数字大学》深度解读 [J]. 现代远程教育研究，2015（05）：3-11＋18.

[13] 王毅. 基于混合式学习的研究与实践 [D]. 北京：北京交通大学，2011.

[14] 吴淑青，莫永华，陈晓，等. 混合学习国内研究现状分析 [J]. 广西广播电视大学学报，2017，28（06）：16-23.

[15] 詹泽慧，李晓华（2009）. 混合学习：定义、策略、现状与发展趋势——与美国印第安纳大学柯蒂斯·邦克教授的对话 [J]. 中国电化教育，(12)：1-5.

[16] 孙曼丽. 国外大学混合学习教学模式述评 [J]. 福建师范大学学报（哲学社会科学版），2015（03）：153-160＋172.

[17] 胡立如，张宝辉. 混合学习：走向技术强化的教学结构设计 [J]. 现代远程教育研究，2016（04）：21-31＋41.

[18] （美）迈克尔·霍恩，希瑟·斯泰克. 混合式学习——用颠覆式创新推动教育革命 [M]. 北京：机械工业出版社，2015.

[19] 约翰·丹尼尔，翁朱华，顾凤佳，等. 理解教育技术——从慕课到混合学习，下一步走向何方？[J]. 开放教育研究，2015，21（06）：10-15.

[20] 约翰·丹尼尔，刘黛琳，邵慧平. 理解混合学习：珍惜古老的传统还是寻求更好的未来？[J]. 中国远程教育，2015（11）：5-17+29.

[21] 俞显，张文兰. 混合学习的研究现状和趋势分析 [J]. 现代教育技术，2013，23（07）：14-18.

[22] 何克抗. 从 Blending Learning 看教育技术理论的新发展（上）[J]. 电化教育研究，2004，（03）：1-6.

[23] 李克东，赵建华. 混合学习的原理与应用模式 [J]. 电化教育研究，2004，（07）：1-6.

[24] 谈成访，刘艳丽. 远程教育中混合学习及其实施策略的探讨 [J]. 现代远程教育研究，2006（03）：36-38+72.

[25] 汪涛，张秋东，李惠青，等. 新型混合学习模式下微信公众平台学习资源设计 [J]. 现代远程教育研究，2016（05）：105-112.

[26] 张志祯，齐文鑫. 提高混合学习有效性的策略 [J]. 中国远程教育，2007（04）：31-33+79-80.

[27] 曾茂林. 主体摄入视野中有机混合学习理论研究 [J]. 中国电化教育，2013，（08）：8-12.

[28] 蒋玲，黄磊，张丹清. 基于 Windows Live 群的混合式学习课程平台应用研究 [J]. 中国电化教育，2012，（10）：136-140.

[29] 张其亮，王爱春. 基于"翻转课堂"的新型混合式教学模式研究 [J]. 现代教育技术，2014（04）：27-32.

[30] 田富鹏，焦道利. 信息化环境下高校混合教学模式的实践探索 [J]. 电化教育研究，2005（04）：63-65.

[31] 杜世纯，傅泽田. 基于 MOOC 的混合式学习及其实证研究 [J]. 中国电化教育，2016（12）：129-133+145.

[32] 唐文秀，石晋阳，陈刚. 混合学习五维评价模型的构建与应用——以"现代教育技术"公共课程为例 [J]. 现代教育技术，2016，（8）：89-95.

[33] 田世生，傅钢善. Blended Learning 初步研究 [J]. 电化教育研究，2004（07）：7-11.

[34] 张力，章国英. 远程教育中混合学习策略的设计与实现 [J]. 远程教育杂志，2005（04）：31-33.

[35] 黄荣怀，马丁，郑兰琴，张海森. 基于混合式学习的课程设计理论 [J]. 电化教育研究，2009（01）：9-14.

[36] 胡志金. 论混合学习设计的适配原则和定位策略 [J]. 中国远程教育，2009（03）：36-40+79-80.

[37] 岑俊杰. 基于 Sakai 的混合教学模式研究 [J]. 电化教育研究，2009（09）：52-55+73.

[38] 杨森，董永权，胡玥. 基于 CiteSpace 的混合学习研究热点及趋势分析 [J]. 中国医学

教育技术，2017，31（06）：644-650.

[39] 赵婷婷. 班级授课制的历史演进及当代发展 [J]. 浙江教育科学，2015（06）：14-17.

[40] 朱星梅. 都市幼儿家教热的社会学分析 [J]. 基础教育研究，2012（09）：59-60＋62.

[41] 钟启泉. 班级授课制 [J]. 基础教育课程，2015（13）：73.

[42] 郭文革. 教育的"技术"发展史 [J]. 北京大学教育评论，2011，9（03）：137-157＋192.

[43] 蒋晓. 赫尔巴特学派教学理论评述 [J]. 华东师范大学学报（教育科学版），1984，02：70-77.

[44] 李良方. 赫尔巴特五段教学法在中国：引入、传播与启示 [J]. 山东英才学院学报，2012，03：34-37.

[45] 莫永华，吴淑青. 翻转学习的实质剖析 [J]. 中国教育信息化，2018（04）：4-8.

[46] 李静，赵伟. 基于建构主义学习理论基础上的现代远程教育 [J]. 电化教育研究，2003（05）：37-40.

[47] 刘序明，杨小勤. 现代远程教育的几个要素 [J]. 中国电化教育，1999（05）：52-54.

[48] 钟志贤，杨蕾. 论在线学习 [J]. 现代远距离教育，2002（01）：30-34.

[49] 丁兴富. 远程教育形态的分类学研究及其主要成果（上）[J]. 开放教育研究，2001（01）：13-16.

[50] 吴南中. 论在线学习范式的变迁：从自主学习到自适应学习 [J]. 现代远距离教育，2016（02）：42-48.

[51] 何克抗. e-Learning 的本质——信息技术与学科课程的整合 [J]. 电化教育研究，2002，（01）：3-6.

[52] 李曼丽. MOOCs 的特征及其教学设计原理探析 [J]. 清华大学教育研究，2013，34（04）：13-21.

[53] 王文礼. MOOC 的发展及其对高等教育的影响 [J]. 江苏高教，2013（02）：53-57.

[54] 袁松鹤，马若龙. MOOCs：开放、争论与启示 [J]. 中国电化教育，2014（01）：69-75.

[55] 王永固，张庆. MOOC：特征与学习机制 [J]. 教育研究，2014，35（09）：112-120＋133.

[56] 斯蒂芬·哈格德，王保华，何欣蕾. 慕课正在成熟 [J]. 教育研究，2014，35（05）：92-99＋112.

[57] 乔纳森·伯格曼，亚伦·萨姆斯. 翻转学习：如何更好地实践翻转课堂与慕课教学 [M]. 北京：中国青年出版社，2015：09-10.

[58] 何克抗. 从"翻转课堂"的本质，看"翻转课堂"在我国的未来发展 [J]. 电化教育研究，2014，07：5-16.

[59] 金陵. "翻转课堂"翻转了什么？[J]. 中国信息技术教育，2012（09）：18.

[60] 朱宏洁，朱赟. 翻转课堂及其有效实施策略刍议 [J]. 电化教育研究，2013，34（08）：79-83.

[61] 祝智庭，管珏琪，邱慧娴. 翻转课堂国内应用实践与反思 [J]. 电化教育研究，2015，36（06）：66-72.

[62] 张金磊，王颖，张宝辉. 翻转课堂教学模式研究 [J]. 远程教育杂志，2012，30

(04)：46-51.

[63] 饶敏，胡小勇. 面向慕课教学难点的优化策略研究 [J]. 数字教育，2016，2（05）：41-45.

[64] 吕静静. 开放大学混合式教学新内涵探究——基于 SPOC 的启示 [J]. 远程教育杂志，2015，33（03）：72-81.

[65] 童慧，杨彦军. 混合学习中的协作知识建构共同体研究 [J]. 现代远距离教育，2016（02）：56-62.

[66] 王鹃，杨倬. 基于云课堂的混合式教学模式设计——以华师云课堂为例 [J]. 中国电化教育，2017（04）：85-89＋102.

[67] 桂莲，王小红. 混合学习模式：依据、优势和挑战 [J]. 现代教育科学，2015（04）：35-37.

[68] 田雪. 混合学习研究现状及应用对策探索 [J]. 教育现代化，2016，3（22）：211-212.

[69] 张育琳. 试论和谐社会高校的师生关系 [J]. 河南教育学院学报（哲学社会科学版），2005，（03）：110-112.

[70] 叶澜. 重建课堂教学过程观——"新基础教育"课堂教学改革的理论与实践探究之二 [J]. 教育研究，2002，（10）：24-30＋50.

[71] 朱银，张义兵. "学媒之争"与教育技术学科范式革命 [J]. 软件导刊（教育技术），2008，7（11）：11-13.

[72] 闫志明. 学习与媒体关系大辩论：不同范式下的对话 [J]. 电化教育研究，2009，（03）：34-38.

[73] 焦建利. 学习空间及其发展趋势 [J]. 中国信息技术教育，2016（17）：20-21.

[74] Brown, M. Learning spaces [EB/OL]. http://net. Educause. edu/ir/library/pdf/pud7101l. pdf，2012-6-23.

[75] 许亚锋，高红英. 面向人工智能时代的学习空间变革研究 [J]. 远程教育杂志，2018，36（01）：48-60.

[76] 许亚锋，陈卫东，李锦昌. 论空间范式的变迁：从教学空间到学习空间 [J]. 电化教育研究，2015，36（11）：20-25＋32.

[77] 打造 21 世纪学习环境：探索与教学法、空间、技术相结合的空间布局 [DB/OL]. http://www. 360doc. com/content/17/0704/21/31390495_668811837. shtml，2018-2-16.

[78] 徐松娜. 教学活动中的教学事件研究 [D]. 郑州：河南大学，2013.

[79] Wang Y., Han X., & Yang, J. Revisiting the Blended Learning Literature: Using a Complex Adaptive Systems Framework [J]. Educational Technology & Society，18（2），380-393.

[80] 吴南中. 混合学习空间：内涵、效用表征与形成机制 [J]. 电化教育研究，2017，38（01）：21-27.

[81] 武法提，张琪. 学习行为投入：定义、分析框架与理论模型 [J]. 中国电化教育，2018（01）：35-41.

[82] 莫永华，何良泉. 从一见钟情到心有灵犀：可视化分层语法框架 [J]. 广西师范学院

学报（自然科学版），2013，30（01）：102-106.

[83] 张紫屏. 课堂有效教学的师生互动行为研究 [D]. 上海：上海师范大学，2015.

[84] 潘乔丹，黄元河，黄启川. 大学 Moodle 混合式教学模式的构建与应用 [J]. 高教论坛，2012（10）：84.

[85] 布鲁斯·乔伊斯，玛莎·韦尔，艾米丽·卡尔霍恩，著. 教学模式（第七版）[M]. 北京：中国人民大学出版社，2014.

[86] 毕冉. "互联网＋课堂"背景下高校教师职业能力面临的挑战及对策 [J]. 现代教育管理，2015，（12）：5，55.

[87] 卞金金，徐福荫. 基于智慧课堂的学习模式设计与效果研究 [J]. 中国电化教育，2016，（2）：64-68.

[88] 陈丽，林世员，郑勤华. "互联网＋"时代中国远程教育的机遇和挑战 [J]. 现代远程教育研究，2016，（1）：3-10.

[89] 崔志珏. 走向多元共治："互联网＋课堂"的教学变革 [J]. 中小学管理，2016（7）：11-13.

[90] 陈康，朱燕平，骆钰. "互联网＋"背景下翻转课堂教学设计探究——以国际商务单证课堂教学为例 [J]. 对外经贸，2016（7）：153-155.

[91] 郭晓珊，郑旭东，杨现民. 智慧学习的概念框架与模式设计 [J]. 现代教育技术，2014（8）：5-12.

[92] 何克抗，林君芬，张文兰. 教学系统设计 [M]. 北京：高等教育出版社，2006.

[93] 黄荣怀. 智慧教育的三重境界：从环境、模式到体制 [J]. 现代远程教育研究，2014（06）.

[94] 胡乐乐. 论"互联网＋"给我国教育带来的机遇与挑战 [J]. 现代教育技术，2015（12）：26-32.

[95] 何孟杰. 基于"互联网＋"的高校课堂教学大数据探究 [J]. 现代教育管理，2016（10）：103-107.

[96] 吕程. 多元表征：探寻数学智慧课堂的一把密钥 [J]. 教育与教学研究，2012（6）：107-114.

[97] 刘云生. 论"互联网＋"下的教育大变革 [J]. 教育发展研究，2015（20）：10-16.

[98] 李杨，胡杨. "互联网＋课堂"思维下英语读写译课程群改革探索——以武汉工程科技学院英语专业为例 [J]. 佳木斯职业学院学报，2016（4）：278-279.

[99] 刘俊，陶娜，岑语燕，等. 互联网＋PBL教学法实现医学翻转课堂的探讨 [J]. 基础医学教育，2016（5）：410-413.

[100] 廖淑梅. "互联网＋教育"背景下大学英语翻转课堂教学模式构建 [J]. 佳木斯职业学院学报，2016（7）：360-361.

[101] 刘骏飞. 浅谈互联网＋背景下的课堂教学改革 [J]. 赤峰学院学报（自然科学版），2016，32（3）：243-244.

[102] 刘邦奇. "互联网＋"时代智慧课堂教学设计与实施策略研究 [J]. 中国电化教育，2016（10）：51-56.

[103] 马化腾. 互联网+：国家战略行动路线图 [M]. 北京：中信出版社，2015.

[104] 穆岚，齐春林. 互联网+视域下模式探究 [J]. 教育导刊，2016，(9)：75-77.

[105] 庞敬文，王梦雪，唐烨伟，等. 电子书包环境下小学英语智慧课堂构建及案例研究 [J]. 中国电化教育，2015 (9)：63-84.

[106] 乔军，吴瑞华，熊才平. 智能移动终端的教学应用及前景分析 [J]. 现代远距离教育，2013 (2)：81-84.

[107] 秦虹，张武升. “互联网+ 教育”的本质特点与发展趋向 [J]. 教育研究，2016 (6)：8-10.

[108] 阮家泉. 智能手机与互联网+课堂在技工院校教学的应用探索 [J]. 电脑知识与技术，2016 (19)：114-115.

[109] 孙曙辉，刘邦奇，李新义. 大数据时代智慧课堂的构建与应用 [J]. 中国信息技术教育，2015 (7)：112-114.

[110] 孙曙辉. 在线教学 4.0：“互联网+”课堂教学 [J]. 中国教育信息化，2016 (14)：17-20.

[111] 王竹立. “互联网+教育”意味着什么 [J]. 今日教育，2015，450：1.

[112] 王晓林. “互联网+随机学习”课堂模式实践——以佳木斯技师学院为例 [J]. 物流技术，2015 (23)：211-213.

[113] 王竹立，李小玉，林津. 智能手机与“互联网+”课堂——信息技术与教学整合的新思维、新路径 [J]. 远程教育杂志，2015 (4)：14-21.

[114] 王竹立. 移动互联网时代的碎片化学习及应对之策——从零存整取到“互联网+”课堂 [J]. 远程教育杂志，2016 (4)：9-16.

[115] 吴南中. “互联网+教育”内涵解析与推进机制研究 [J]. 成人教育，2016 (1)：7.

[116] 吴媛. 基于“互联网+教育”技术的翻转课堂教学模式研究 [J]. 中国成人教育，2016 (22)：93-95.

[117] 夏仕武. 互联网+背景下大学双课堂教学模式的建构与运行 [J]. 国家教育行政学院学报，2016 (5)：42-47.

[118] 谢振. 高校教育教学活动新内涵的再认识——新建构主义的学习观念 [J]. 中国证券期货，2013 (5)：316-318.

[119] 朱月翠，张文德. “互联网+ 教育”基本模型探析 [J]. 中国教育信息化，2015 (19)：12-15.

[120] 赵建华，朱广艳. 技术支持的教与学——多伦多大学安大略教育研究所 Jim Slotta 教授访谈 [J]. 中国电化教育. 2009 (6)：1-6.

[121] 郑云翔. 新建构主义视角下大学生个性化学习的教学模式探究 [J]. 远程教育杂志，2015 (4)：48-58.

[122] 詹青龙，杨梦佳. “互联网+”视域下的创客教育 2.0 与智慧学习活动研究 [J]. 远程教育杂志，2015 (6)：24-31.

[123] 赵冰，何高大. “互联网+”与大学英语课堂教学变革探究 [J]. 中国教育信息化，2016 (6)：54-57.

［124］ 祝智庭. 智慧教育新发展：从翻转课堂到智慧课堂及智慧学习空间 ［J］. 开放教育研究，2016（1）：18-49.

［125］ 张明，郭小燕. "互联网＋"时代新型教育教学模式的研究与启示——微课、慕课、翻转课堂 ［J］. 电脑知识与技术，2015（12）：167-171.

［126］ 周雨青，万书玉. "互联网＋"背景下的课堂教学——基于慕课、微课、翻转课堂的分析与思考 ［J］. 中国教育信息化，2016（2）：10-12.

［127］ 张岩. "互联网＋教育"理念及模式探析 ［J］. 中国高教研究，2016（2）：70-73.

［128］ Beichner，Robert，J. ＆ Saul，Jeffery，M. Introduction to the SCALE-UP (Student Centered Activities for Large Enrollment Undergraduate Programs) Project ［J］. The International School of Physics Enrico Fermi，Varenna，Italy，（6）：1-17.

［129］ Gina Porter，Kate Hampshire，James Milner. Mobile Phones and Education in Sub-Saharan Africa：From Youth Practice to Public Policy ［J］. J. Int. Dev.，2016，28（1）：2-5.

［130］ Jena，A. K. Does Smart Classroom an Effective Technology for Teaching：A Research Analysis ［J］. Journal of Educational Technology，2016，10（1）：55-64.

［131］ Kumara，W. W.，Wattanachote，K.，Battulga，B.，Shih，T. K.，＆ Hwang，W. A Kinect-Based Assessment System for Smart Classroom ［J］. International Journal of Distance Education Technologies，2015，13（2）：34-53.

［132］ Lee，J.，Lee，H.，＆ Park，Y. The Smart Classroom：Combining Smart Technologies with Advanced Pedagogies ［J］. Educational Technology，2013，53（3），3-12.

［133］ Lui，M.，＆ Slotta，J. D. Immersive Simulations for Smart Classrooms：Exploring Evolutionary Concepts in Secondary Science ［J］. Technology，Pedagogy And Education，2014，23（1）：57-80.

［134］ Murphy，C. ABCs of Smart Classrooms ［J］. Syllabus，2002，16（2）：24-26.

［135］ Timms，M. J. Letting Artificial Intelligence in Education out of the Box：Educational Cobots and Smart Classrooms ［J］. International Journal Of Artificial Intelligence In Education，2016，26（2）：701-712.

［136］ Teemu Leinonen，Anna Keune，Marjaana Veermans，Tarmo Toikkanen. Mobile apps for reflection in learning：A design research in K-12 education ［J］. Br J Educ Technol，2016，47（1）：15-18.

［137］ Carman J M. Blended learning design：Five key ingredients ［J］. Retrieved August，2002.

［138］ 白雪梅，马红亮，张立国. 美国 K-12 混合学习的实践及启示 ［J］. 现代教育技术，2016，26（02）：52-58.

［139］ （美）莉兹·阿尼. 混合式教学：技术工具辅助教学实操手册（Go Blended!：A Handbook for Blending Technology in）［M］. 北京：中国青年出版社，2017.

［140］ Mclaughlin J E，Gharkholonarehe N，Khanova J，et al. The Impact of Blended Learning on Student Performance in a Cardiovascular Pharmacotherapy Course ［J］. American Journal of Pharmaceutical Education，2015，79（2）：24.

[141] López-Pérez MV, Pérez-López MC, Rodríguez-Ariza L. Blended learning in higher education: Students' perceptions and their relation to outcomes [J]. Computers & Education, 2011, 56 (3): 818-826.

[142] Barnum. C., & Paarmann, W. Bringing introduction other teacher: A blend learning model [J]. T. H. EJournal, 30 (2), 56264, (2002).

[143] Thomson's Blended Learning Approach Boosts On-The-Job Productivity By 30%-40%, [DB/OL]. http://www.netg.com.sg/Press Room/Press Releases/2017/jobsurvev. asp, 2017-09-11.

[144] Keith kenney. Representation Theory [A]. Ken Smith, Sandra Moriarty, Gretchen Barbatsis, Keith Kenney (Eds.). Handbook of Visual Communication: Theory, methods, and media [C]. London: Lawrence Erlbaum Associates, 2005: 99-115.

[145] 王妍莉, 马明辉, 严瑾. 基于 Blackboard 平台的民族高校混合式教学行动研究 [J]. 电化教育研究, 2015, 36 (09): 77-82+120.